Hugo Jensch

Juden in Pirna

D1700333

Hugo Jensch

Juden in Pirna

mit Berichten von

Max Tabaschnik, Ilse Fischer, geb. Engler
und Esra Jurmann

Herausgeber: Kuratorium Gedenkstätte Sonnenstein e.V.

Impressum

2. geänderte Auflage 2007

Herausgeber: Kuratorium Gedenkstätte Sonnenstein e.V.

Pirna 1997
© by Hugo Jensch

Redaktion:
Hugo Jensch, Boris Böhm, Konrad Flade

Layout, Titelgestaltung, Satz, Repro:
Siegfried Wagner, Graphik & Satz, Dresden

Druck: Stoba-Druck Lampertswalde, www.stoba-druck.de

Inhaltsverzeichnis

Vorwort

Das Interesse am Holocaust oder an der Schoa, wie die Ermordung der Juden im „Dritten Reich" in Israel, gleichfalls unadäquat, bezeichnet wird, hat in den letzten Jahren zugenommen und ist nahezu weltweit zu beobachten. Es artikuliert sich vornehmlich in außerschulischen Bereichen, in Film, Literatur, Kunst und anderen Medien. Ferner dokumentiert es sich in öffentlichen Diskussionen um Gedenkstätten, Gedenktage, Mahnmale und Museen. Die wachsene Aufmerksamkeit zeigt sich des weiteren in der größeren Zahl von Schülerreisen nach ehemaligen Konzentrations- und Vernichtungslagern. Bei den Bemühungen um den Umgang mit der Schoa, den Möglichkeiten ihrer Vermittlung und schließlich bei der Zielsetzung der Vermittlung sah man sich von den ersten Anfängen und bis zum heutigen Tage einem Dilemma gegenüber: Zu entscheiden war die Frage, ob es sich bei der Schoa um einen geschichtlichen Prozeß handelt, der historischer Erkenntnis zugänglich und dementsprechend rational vermittelbar sei, oder ob die Schoa als eine sich der Ratio verweigerte traumatische Katastrophe (Schoa) aufgefaßt werden muß, die mithin unverstanden und unvermittelbar für jene bleibt, die sich nicht am eigenen Leibe erfahren haben. Letzterer Auffassung nach könnte lediglich versucht werden „Emphatiebereitschaft" auszulösen. Hat die Auffassung vom Unvermögen die Schoa zu begreifen, eine dämonisierende Vorstellung der Täter zur Folge, so suchte die „kognitive" Richtung die Ursprünge der Schoa nicht in dämonischen Urgründen, sondern in menschlichen Motiven sowie politischen, wirtschaftlichen und gesellschaftlichen Beziehungen. Aus menschlichem Versagen wären Konsequenzen für die Zukunft zu ziehen. Soll also über die Schoa sachlich aufgeklärt werden, oder besteht das Ziel darin, Betroffenheit auszulösen und Identifikationsbereitschaft mit den Opfern herzustellen? Also „Denken oder Gedenken."

Bereits in einem der ersten Beiträge zur Unterrichtung über die Schoa, wurde auf die Diskrepanz zwischen Lernprozessen und Gedenkzeremonien hingewiesen: Faktuelles Wissen, Analyse, Kausalitätserkenntnis, sind von den Zeremonien zugrunde liegenden psychologischen Voraussetzungen grundsätzlich verschieden, wenn nicht gar diametral entgegengesetzt. Eine Gedächtnisfeier ist mitnichten analytisch und lernorientiert, sondern ganz im Gegenteil darauf angelegt, die schwer zu ertragene Wirklichkeit mit einem Schleier zu überdecken, sie in eine sich ständig weiter entfernende metaphysische Sphäre entrücken zu lassen. Denn nur mit Hilfe dieses Schleiers scheint es möglich, mit der vergangenen, bedrückenden Wirklichkeit zu leben. Sobald die Unterscheidung von Lernprozessen und Gedächtnisfeiern verwischt und gar aufgehoben wird, ist beiden kein guter Dienst getan.

Die einschlägige Literatur der letzten Jahre scheint die Dichotomie zwischen „Denken" und „Gedenken" (Memory and History) noch zu verschärfen, wobei nicht nur von der Notwendigkeit einer Unterscheidung beider Begriffe die Rede ist, sondern von ihrer Unvereinbarkeit, ja von ihrer sich gegenseitig aufhebenden Gegensätzlichkeit.

Im Gegensatz zum „Gedenken" geht es dem historischen Denken um die kritische Distanz zur Vergangenheit, um historische Erkenntnis, um das Verstehen historischer Prozesse, einschließlich ihrer Wurzeln und Auswirkungen, um die Einsicht in Kausalitätsverhältnisse. Bedient sich das „Gedenken" vornehmlich emotionaler Mittel mit dem Ziel Betroffenheit und Identifizierung zu erreichen, so strebt das historische Denken nach rationalen Erklärungsmustern und kritischer Emanzipation von der Vergangenheit.

Jedoch auch der Begriff des „Gedenkens" enthält in sich als Vorbedingung das Wissen um dessen das „Gedenken" gilt. Man kann sich nicht an etwas „erinnern", das man nicht vorher einmal gewußt hat: Jeder Versuch etwas zu „gedenken", von dem man nicht weiß, verfehlt letztlich auch die Würde des „Gedenkens": Nur ein zugrunde liegendes Wissen und Denken vermögen dem Gedenken gerecht zu werden und ihm die erzielte seelische Tiefenwirkung zu verleihen. Auch ein Mahnmal kann nicht das Wissen um dessen ersetzen, an das gemahnt werden soll und wenn solches nicht vorauszusetzen ist, wird auch die Funktion des „Mahnens" daran eingebüßt.

Diese Überlegungen werden in der jüngst erschienenen Literatur häufig variiert: So wird geltend gemacht, daß ein Denkmal nur dann seine Funktion erfüllt, wenn es dialogisch wirkt und im Betrachter etwas anspricht, was in ihm ansatzweise bereits vorhanden ist. Denkmäler allein, losgelöst von der Gegenwärtigkeit unserer alltäglichen Lebenswelt, bedeuten noch keine Versicherung gegen Vergessen. Erinnern und Gedenken bedeuten dann immer auch Auseinandersetzung mit Biographien der eigenen Eltern-Großeltern, Vorfahren. Ferner bleibt das Augenmerk auf persönliche Schicksale Voraussetzung für mögliches Mitempfinden Außenstehender und Nachgeborener.

Hierin liegt das Verdienst der vorliegenden Schrift von Hugo Jensch. Diese Schrift versucht eine Annäherung von Leben und Leid jüdischer Menschen in und aus Pirna. In Pirna bestand keine eigene jüdische Gemeinde, zu den wenigen in Pirna lebenden jüdischen Familien zählten keine berühmten Persönlichkeiten, Rabbiner, Politiker oder sonderlich reiche Leute. Dieser Umstand ermöglicht es einfachen, nachvollziehbaren und konkreten Schicksalen nachzugehen und die Frage „Wie war es möglich" stellt sich mit besonderer Dringlichkeit.

Ob diese Frage in der Untersuchung von Hugo Jensch beantwortet wird, bleibe dahingestellt, sie wird jedoch gestellt und drängt sich all jenen auf, in deren Mitte diejenigen lebten, die als „Juden verunglimpft, entwürdigt, ausgegrenzt, beraubt, enteignet, ausgetrieben und vernichtet wurden".

Das Nachdenken darüber möge dem „Gedenken" an dieses Geschehen als gleichwertig beiseite stehen, es ergänzen und vertiefen.

Prof. Dr. Chaim Schatzker
Universität Haifa

Vorwort zur 2. Auflage

Nachdem die 1. Auflage vergriffen ist, legt das Kuratorium eine 2. leicht erweiterte und korrigierte Auflage vor.
Dem Kuratorium Gedenkstätte Sonnenstein e.V. ist es ein Bedürfnis dem Verfasser für seine aufwendigen Recherchen zu danken, mit denen er eine wesentliche Lücke unserer Stadtgeschichte schließt. Auch wenn die Zahl der betroffenen Juden in Pirna relativ klein war, so stehen sie doch wie „Denkzeichen" für unzählige andere, die verfolgt, benachteiligt und gedemütigt, in gewaltsamen Todesmärschen durch Pirna gehetzt oder deren „unwertes" Leben auf dem Sonnenstein qualvoll beendet wurde.
Dieses Wissen legt uns die Verpflichtung auf alles gegen das Vergessen zu tun. Stellen wir uns der entsetzlichen Vergangenheit und begegnen wir nazistischem und gewaltsamem Gedankengut mit couragiertem Auftreten.
Wir wünschen der Dokumentation eine rege Verbreitung in unseren Schulen und Bildungseinrichtungen. Möge sie intensiv als Quellenmaterial genutzt werden.

Peter Enke, 1. Vorsitzender des Kuratorium Gedenkstätte Sonnenstein e.V.

Pirna, im August 2007

Einführung

Diese Schrift versucht eine Annäherung an Leben und Leid jüdischer Menschen in und aus Pirna. Was über Juden in unserer Stadt zu erfahren war, stammt weitgehend aus amtlichen Quellen, die sich im Stadtarchiv über sehr wechselvolle Zeiten oft nur zufällig erhielten, denn der Hitlerstaat betrieb in seiner Endphase massenhafte Aktenvernichtung. Was sich erhielt, ist nur der blasse Widerschein wirklichen Lebens. Was wissen schon amtliche Dokumente und Schriftstücke von der ganzen Vielfalt menschlicher Beziehungen. So ist die Suche nach Spuren jüdischen Lebens, das es in unserer Stadt einst gab, mehr ein Vorantasten als ein Schöpfen aus einer Vielzahl von authentischen Zeugnissen.

Gerade weil die Quellen nur spärlich fließen, war auch eine eher dokumentarische Darstellung angezeigt. Schlußfolgerungen schienen nur ratsam, wo hinreichend aufschlußreiches Material vorlag. Der Verfasser möchte vor allem jene primären Zeugnisse sprechen lassen, die uns überliefert sind. Drei Erlebnisberichte künden von ganz unterschiedlichen Erfahrungen der Betroffenen: von Konzentrationslager, Ghetto und Überleben in der Illegalität.

Pirna gehört nicht zu den Städten mit eigener jüdischer Gemeinde. Die Zahl gleichzeitig in der Stadt lebender jüdischer Familien überschritt zu keiner Zeit 12 bis höchstens 15. Dieser Umstand macht es möglich, konkreten Familienschicksalen nachzugehen, was historische Vorgänge sicher sinnfälliger werden läßt.

Dabei öffnet sich uns das ganze Spektrum systematisch betriebener barbarischer Rassenpolitik des Hitlerfaschismus: wie Juden verunglimpft, entwürdigt, ausgegrenzt, beraubt, enteignet, ausgetrieben und vernichtet wurden.

Nun lebten jene, von denen zu berichten sein wird, mitten „unter uns". Sie hatten als Kaufleute viele Kunden. Sie fanden Bekannte und sicher auch Freunde. 30 ihrer Kinder wurden in Pirna geboren, mehr als 30 gingen hier zur Schule. Einzelne Kontakte zwischen ehemaligen Mitschülern hielten sich bis heute. So fragt man sich immer wieder: Wie war es möglich, daß so viele, die meisten, nach 1933 angesichts dessen, was jüdischen Mitbürgern geschah, wegsahen, es verdrängten, neugierig begafften oder gar mittaten?

Kam das plötzlich über sie? Liegen die Wurzeln solchen Verhaltens nicht weiter zurück? Hatte Judenhaß nicht schon lange Tradition und eine nachweisbare soziale Funktion? Um solche Fragen klären zu helfen, wird auf früheren Antisemitismus verwiesen. Antisemitische Haltungen, Stimmungen, Gefühle sind heute noch gegenwärtig, wenn sie auch angesichts der historischen Last, Schuld und Scham kaum offen geäußert werden und solche Handlungen weitgehend der öffentlichen Ächtung anheimfallen. Sind aber nicht vielfältige Äußerungen der Feindlichkeit gegenüber Andersdenkenden, Andersglaubenden, Fremden, Behinderten, überhaupt Anders- oder Ab-"artigen" Symptome jener gefährlichen Intoleranz, die unterschwellig weit verbreitet ist und von gewissen konservativ-nationalistischen Kräften politisch und theoretisch nach wie vor artikuliert und ins öffentliche Bewußtsein infiltriert wird? Dem zu begegnen und zu widerstehen ist eines unserer wesentlichen Anliegen.

Indessen liegt das eigentliche Verbrechen an den Juden mehr als 50 Jahre zurück. Heute hören wir oft: Es solle endlich unter diese schreckliche Vergangenheit ein Schlußstrich gezogen werden; Äußerungen fallen, wie „weg vom deutschen Sonderweg", also weg von Belastungen durch zwei Weltkriege und faschistische Barbarei, hin zu historisch-politischer „Normalität", die der gegenwärtigen Rolle Deutschlands in einem „Kerneuropa" und unter den Großmächten gemäßer sei. Ruft uns geschichtliche Erfahrung, die auch aus dem

Darzustellenden herrührt, nicht zu mehr und dauerhafter Bescheidenheit und Zurückhaltung auf?

Das Folgende beansprucht nicht, ein vollständiger Überblick über Juden, die einmal in Pirna lebten, zu sein. Dazu ist die Quellenlage zu unsicher. In den Einwohnerverzeichnissen, die für die Zeit von 1875 bis 1922 vollständig vorliegen, sind Personen „mosaischen" Glaubens auszumachen, nicht jedoch jene, die zu einer anderen Religion konvertiert waren. So ist die gewonnene Übersicht in nicht bestimmbarem Umfange lückenhaft. Was sie widerspiegelt, ist ein aktueller Forschungsstand, der zu weiteren Bemühungen aufruft.

Nicht berücksichtigt wurden die zahlreichen Jüdinnen und Juden, die sich nur kurzzeitig in Pirna aufhielten, oft bei Verwandten und Bekannten. Außer in Pirna lebten in der Amtshauptmannschaft bzw. im Kreis Pirna jüdische Familien in folgenden Städten und Gemeinden: Bad Schandau, Dittersbach, Dohna, Heidenau, Königstein, Liebstadt, Neustadt, Porschendorf, Prossen, Rathen, Sebnitz, Stadt Wehlen. Ihren Lebenswegen und Schicksalen nachzugehen, bleibt weiterer Suche vorbehalten.

Eine unverzichtbare Hilfe waren dem Verfasser die Kontakte mit insgesamt sechs Angehörigen jüdischer Familien, die einst in Pirna beheimatet waren. Sie ermunterten und förderten die Spurensuche nach jüdischen Schicksalen aus unserer Stadt, steuerten Bilder und Dokumente bei und gaben manch wertvollen Hinweis. So wurde auch die Wiedergabe dreier Erlebnisberichte möglich, ohne die vieles blaß und abstrakt bliebe. Weiterführende Hinweise kamen von mehreren Pirnaer Einwohnern. Stets hilfreich unterstützten Frau Petzold und Frau Eckert vom Pirnaer Stadtarchiv das Anliegen. Allen sei recht herzlicher Dank. Ohne sie wäre diese Schrift nicht möglich geworden.

Pirna, im Juni 1995

Hugo Jensch

Teil 1

Juden und ihre Rechtslage in Sachsen

Innerhalb Sachsens ließen sich seit dem Mittelalter Juden vornehmlich in Leipzig und Dresden nieder. Einige mittlere Städte wiesen kleinere jüdische Gemeinden auf; Pirna gehörte, nach allem, was wir wissen, nicht dazu.

Den Juden waren zünftisches Handwerk und Grundbesitz verwehrt. Existenzmöglichkeiten erschlossen sie sich über Geldgeschäft und Handel, im Umgang mit Pfandleihe und Trödelkram, oft nur als Hausierer.

Die Judenordnung des Markgrafen Heinrich des Erlauchten von 1265 stellte Juden und Christen rechtlich fast völlig gleich. Sie enthält hauptsächlich Bestimmungen über ihren Gerichtsstand und über das Geltendmachen von Schuldforderungen zwischen Juden und Christen sowie Vorschriften über den Betrieb des Pfandleihgewerbes. Der Landesherr war nur der Gerichtsherr der Juden, während sie direkt als Untertanen oder „Kammerknechte" dem Kaiser unterstanden. 1330 verlieh Kaiser Ludwig den Judenschutz an Markgraf Friedrich den Ernsten für seine Lande auf Lebenszeit, ein Gleiches geschah durch Karl IV. an Markgraf Friedrich den Strengen[1]. Wie weit das zu ihrer Sicherheit bei Ansiedlung, Erwerbstätigkeit, selbstbestimmter Lebensweise in ihren Gemeinschaften, im religiösen Leben und bei rechtlichen Auseinandersetzungen tatsächlich führte, bleibt im Ungewissen. Zweifel daran sind wohl angezeigt angesichts des 1349 ausbrechenden Judenhasses, der zu Ausrottungsexzessen in Leipzig, Dresden, Meißen und anderswo führte. Den Vorwand lieferte die Anschuldigung, eine Brunnenvergiftung durch Juden wäre die Ursache der verheerenden Pest[2].

Die 1368 ausgesprochene markgräfliche „Begnadigung" der Juden im Meißnischen war mit einer Reihe rechtlicher Regelungen zu ihrem Schutze verbunden, aber auch mit der Vereinnahmung erheblicher Schutzgelder. Die Landesherren ließen sich ihre Gnade reichlich entgelten[3]. Lange jedoch hielt dieser labile Status der Juden nicht vor. Im Jahre 1411 verfügte Markgraf Friedrich der Streitbare ihre Enteignung. „Anno 1430 wurden die Juden von Dresden getrieben", und zwar am 23. Februar – auf Anordnung des Kurfürsten Friedrich des Sanftmütigen. Sie bezog sich auf ganz Thüringen und Meißen. Der Kurfürst wollte wohl „seine durch die Hussitenkriege erschöpften Finanzen durch Wegnahme der reichen Güter der Juden aufhelfen".[4]

Rund 270 Jahre später (also um 1700) wird ersten Juden wieder, zögerlich und gegen Widerstände, durch den Kurfürsten August den Starken Bleiberecht gewährt, allerdings nur ganz bestimmten, namentlich genau fixierten, an denen als Geldvermittler und Importeuren von Luxusgütern ein landesherrliches Interesse bestand.[5]

Die „Juden-Ordnung für die Chur-Fürstlich-Sächßische Residenz-Stadt Dreßden" vom 15. 9. 1772 regelt die Verhältnisse der „geduldeten" Juden. Danach sind Aufenthalt und Begründung eines neuen Haushalts nur mit kurfürstlichem Konzessionsdekret gestattet, die Zahl der Dienstboten wird auf zwei begrenzt, sie dürfen keinen besonderen Ort für Gottesdienste unterhalten, und sie dürfen für ihre gemeinsamen Angelegenheiten drei Älteste wählen, die allerdings keine richterliche oder andere Gewalt haben. Diese Festlegungen gelten bis zur Landesverfassung von 1831.[6]

Mit Gesetz vom 18. 5. 1837 wird den Juden gestattet, sich in Dresden und Leipzig zu Religionsgesellschaften zusammenzuschließen und Bet- und Schulhäuser zu halten. Nur dafür dürfen sie auch Grundeigentum erwerben.[7]

Das „Gesetz wegen einiger Modifikationen in den bürgerlichen Verhältnissen der Juden" vom 16. August 1838 beschränkt ihre Aufenthaltserlaubnis weiterhin auf die Städte Dresden und Leipzig und „wird auf andere Orte nicht ertheilt werden". Die Übersiedlung von einem Ort zum anderen, die Niederlassung ausländischer Juden, „selbst wenn eine ausländische Jüdin einen hiesigen Juden heiraten will", bedarf der Genehmigung durch das Ministerium des Inneren. Juden wird hier aber die Gewerbefreiheit erteilt; davon ausgeschlossen bleiben „der Klein- und Ausschnitthandel, Apotheken, Gast-, Speise- und Schankwirtschaften, Branntweinbrennereien, Schacher- und Trödelhandel". Für letzteren brauchen sie eine besondere Konzession, wobei weiterführen darf, wer ihn bisher auch schon betrieb. Für Großhandel und Speditionsgeschäft sind ebenfalls Konzessionen durch das Innenministerium erforderlich. Juden können, mit gewissen Einschränkungen, das Bürgerrecht erwerben. Gestattet wird der Grundstückserwerb in Dresden und Leipzig. Verfügt wird schließlich, daß jeder inländische Jude einen erblichen Familiennamen anzunehmen und sich bei Geschäftsvorgängen (Urkunden und Handelsbüchern) nur der deutschen Sprache zu bedienen hat.[8]

Die volle Gleichberechtigung wird den Juden in Sachsen erst durch den Beitritt des Landes zum Norddeutschen Bund mit dessen Verfassung vom 17. April 1867 gewährt. Dem folgt am 1. November 1867 das Gesetz über die Freizügigkeit.

Im gleichen Jahr wird durch Bundesbeschluß verfügt: „Keinem Bundesangehörigen darf um des Glaubensbekenntnisses willen oder wegen fehlender Landes- oder Gemeindeangehörigkeit der Aufenthalt, die Niederlassung, der Gewerbebetrieb oder der Erwerb von Grundeigentum verweigert werden." Juden in Sachsen erhalten ab 1869 auch die Gewerbefreiheit.[9] Das alles gilt für bundes-, später reichsangehörige Juden, nicht aber für Einwandernde mit anderer Staatsangehörigkeit.

Erste Nachrichten von Juden in Pirna

Im 13. Jahrhundert wird Pirna ein großzügiges Niederlagsrecht verliehen. Danach müssen alle die Stadt passierenden Waren „drei Sonnenscheine" lang zum öffentlichen Verkauf ausgelegt werden. Für sie ist Stapelgeld und Zoll zu entrichten. Mit diesem Recht erhält Pirna eine Schlüsselstellung im Handel zwischen Sachsen und Böhmen. Zu den Kaufleuten, die zwischen dem 13. und 15. Jahrhundert durch die Stadt ziehen, gehörten mit einiger Sicherheit auch jüdische aus Böhmen und anderen später habsburgischen Landen. Einige dürften sogar ihre Geschäftätigkeit in die Stadt verlegt haben. In diesem Zusammenhang ist gewiß jener Befehl des Markgrafen Friedrich Tutta (der Stammler) vom Februar 1289 einzuordnen, der da festlegt, daß, „qui conduxerit theolonium civitatis – sive christianus vel iudaeus – plebano de Pirne eandem pensionem integraliter persolvat." (...daß, „der den Zoll pachtet – es sei ein Christ oder ein Jude – dem Stadtpfarrer von Pirna ebendieselbe Zahlung unverändert bezahlt"– eine Abgabe zugunsten der Schloßkapelle).[10]

Früheste Kunde von Juden in unserer Stadt erreicht uns aus dem 16. Jahrhundert. Dazu finden wir bei Meiche die Notiz:

„*1559 Januar 9. Kurfürst August, der dem Juden Samuel Schmohel eine zweijährige Niederlassung in Pirna erlaubt hat, ersucht den Rat zu Pirna auch seine Zustimmung zu geben.*"[11]

1705 ist durch Ratsbeschluß Juden der Aufenthalt in der Stadt verboten worden.[12] Unter dem 29. 8. 1705 verzeichnet aber das Ratsprotokoll eine schwer zu entschlüsselnde Eintragung:

"Jüdin. Der Glöckner kommt ins Rathaus, bringt einen Gruß von M. Junghans'e, welcher sich sehr verwunderte, daß man der Jüdin ihren wöchentlichen Unterhalt aus der Kammer nicht mehr zuwendete und solches zwar ohne Vorwissens des Hr. Superintendentens, verlanget, daß man der Lage nach aber mit kontinuieren solle." Als Bescheid ist vermerkt: *"Welches ein Rath aber schlechterdings ablehne."*[13]

Unter dem 3. 1. 1708 wird den Frohnern (Fronbote, Büttel vom Fronhof in der Schmiede-straße) aufgetragen,

"unter den Toren, in denen Gasthöfen, auch bei Zacharias Petzolt und Wilhelm Fischern an(zu)deuten ... daß die Juden mit ihren Sachen weder in die Stadt sollen gelassen noch ge-herberget werden".[14]

Im November 1714 läßt der zum Christentum konvertierte ehemalige Rabbi Johann Christlieb Heilbrunner aus Heilbronn seine Ehefrau Anna Edella nach vorangegangener Genehmigung durch den Kurfürsten in Pirna taufen, nachdem sie im neuen Glauben unterrichtet worden war. Ein Gleiches geschieht im Mai 1718 mit dem aus Polen stammenden Juden Lebel.[15]

In beiden Fällen handelt es sich nicht um in Pirna Ansässige. Lediglich unterwiesen und ge-tauft wurden sie hier, fernab jeder jüdischen Gemeinschaft. In solchen Fällen waren auch ehrbare Pirnaer Bürger zur Mitwirkung als Paten bereit, die sich sonst gegen jeden Kontakt mit Juden sperrten.

1746 erhebt die Kaufmannschaft der Stadt vergeblich Einspruch gegen eine Verfügung des Landesherrn, wonach

"dem Juden Markus Jonas Eubaschütz gegen 20 Taler Steuern erlaubt wird, mit seinem Eheweibe, einem Kinde, einem Informator, einem Bedienten und einer Magd in den sächsi-schen Landen mit Ausnahme der Bergstädte von seinem Vermögen zu leben, und daß er, wenn er Reisen mache, unter kurfürstlichem Schutze stehe."[16]

Ob Eubaschütz jemals Pirna berührte, ist nicht verbürgt.

Böhmische Handelsjuden kamen in der ersten Hälfte des 18. Jh. aber mit Sicherheit auf ihrem Wege zur Leipziger Messe durch unser Gebiet. Mancher versuchte gewiß auch hier Möglichkeiten für den Handel zu ertasten. Vielleicht sind so auch die folgenden Nachrichten zu verstehen:

"Da finden wir im Januar 1743 in Königstein Abraham Samuel. Er verkauft Gemsbäute zu 2, 3, 4 Talern, kauft umgekehrt rohe Felle, die er nach Böhmen schafft. Zwischendrein bietet er auch für 10 Taler eine Perlenkette an. Angeblich will er nach Berlin und ist in Königstein nur durch die Krankheit seines Jungen festgehalten und dadurch gezwungen worden, einige Waren zu verkaufen."

"Ebenfalls in Königstein und in Pirna treffen wir 1746 und dann wieder Oktober 1747 Hirschel Isaac. Er handelt in Sachsen mit Wolle, Haaren, Federn. Im Oktober 1747 sucht er 6 Stein Wolle (ein Stein = 10-11 kg.) an den Strumpfwirker Pompßel in Pirna zu verkaufen, will sie aber dann auf den Dresdner Jahrmarkt bringen".[17]

Wie das hier formuliert ist, läßt es auf die erstrebte Unzulässigkeit dieser Handelsversuche schließen. Dennoch stieß anscheinend der Pirnaer Rat zu dieser Zeit auf landesherrlichen Einspruch.

Die Ratsprotokolle verzeichnen die Übermittlung landesherrlicher Verfügungen über eine „Juden-Kopfsteuer", aber sie enthalten dazu keinerlei konkrete Angaben über deren Erhebung von in Pirna lebenden Juden.[18]

Erst im Jahre 1802 finden wir die nächste Spur. In den Kämmerei-Akten erscheint eine lapidare Notiz über eine „Ausgabe auf Rechts- und Inquisitions-Sachen", nach der der „einhaftierte"...„Simon Jacob, Handelsjude aus Fürth", durch Traugott Kasten zur Confrontation nach Dresden gebracht und wofür dieser mit „2 thl., 4 gl., 6 ngr." entlohnt wird.[19] Auch über die Einzelheiten dieses Vorgangs schweigen sich die Akten aus.

Frühe jüdische Ansiedlung in Pirna

Wenn nach langen Emanzipationsbemühungen seit 1869 den Juden in Sachsen gleiche Grundrechte eingeräumt wurden, so heißt das noch lange nicht, daß damit alle wesentlichen Hindernisse für eine sachsenweite Ansiedlung von Juden, auch von außerhalb, weggeräumt waren. Der Weg zum Erwerb der sächsischen Staatsangehörigkeit war mit diversen Schranken versehen. Die nach wie vor vorhandene Ablehnung der Juden durch kleinbürgerliche Kreise, schon aus Konkurrenzgründen, wirkte weiter und am nachhaltigsten wohl besonders in kleineren Städten.

So nimmt es nicht Wunder, wenn 1871 von den 3346 in Sachsen registrierten Einwohnern jüdischer Religion allein 3015 in Leipzig und Dresden wohnen, also ganze 331 in allen übrigen sächsischen Städten. 1875 hat sich das Bild nicht nachdrücklich verändert: Von 5360 leben in Leipzig und Dresden nun 4520, ganze 840 in anderen Orten.[20]

Die Übersichten über die Ergebnisse der Volkszählungen in Sachsen verzeichnen bereits für das Jahr 1846 einen[21], 1849 zwei, 1851 wiederum einen, 1861 3 jüdische Einwohner Pirnas, 1867 sind es 2.[22] Sie waren, nach den Wohnadressen zu urteilen, Patienten der Privat-Heilanstalt des Dr. Pienitz, die dann Dr. Lehmann übernahm und kamen aus wohlhabenden Familien Dresdens, anderer deutscher Städte oder gar aus Rußland und Rumänien.[23] Wenn 1871 bereits 10 und 1875 11 genannt werden, dann dürfte es sich bei ihnen um die ersten noch nicht namentlich bestimmbaren Angehörigen jüdischer Familien gehandelt haben, die als erste in Pirna wohnten und einer Profession nachgingen. Im Jahre 1871 werden auch aus einigen anderen Städten der Amtshauptmannschaft Pirna Juden gemeldet, so aus Königstein, Schandau und Sebnitz.[24]

Als erster namentlich benennbarer jüdischer Kaufmann kommt im Juli 1876 der in Berlin geborene **Ephraim Emil Rose** nach Pirna. Er ist zu dieser Zeit 28 Jahre alt und übernimmt mitten im Ausverkauf das Geschäft von Querner am Markt 9. (Diese und alle nachfolgenden Hausnummern entsprechen dem heutigen Stand).[25]

Nach seiner Eheschließung mit Franziska, geb. Levevre, gelingt ihm der Aufbau einer selbständigen Existenz. Der Familie werden 1877 und 1879 die Söhne Harry und Erich geboren; das sind die ersten nachweislich in Pirna zur Welt gekommenen jüdischen Kinder.[26]

Die Geschäftseröffnung kündigt Emil Rose im Pirnaer Anzeiger am 20. 8. 1876 an. Danach sind

„im Laden des Herrn Querner Schawls, schwarze und weiße Tülls, Spitzen, echte und unechte Sammete, Chiffons, Wäschebesätze in neuen geschmackvollen Sendungen eingetroffen... und werden zu den bekannt billigen Preisen empfohlen."

Rose handelt also mit Kurzwaren und Stoffen.[27]

Nach rund zwanzigjähriger erfolgreicher Geschäftstätigkeit verlassen Roses Pirna und übersiedeln nach Berlin.[28]

Aus Böhmen kommt im April 1878 der 35-jährige Schneidermeister **Samuel Freund**. Mit seiner Ehefrau und sechs Kindern wohnt die Familie in der Badergasse 1. Nach nur sieben Jahren verlassen Freunds die Stadt in Richtung Württemberg.[29] Es ist heute nicht mehr zu ermitteln, ob Freund tatsächlich als selbständiger Schneidermeister gearbeitet hat und in die Schneider-Innung der Stadt aufgenommen wurde.

Hermann Prinz kündigt im März 1878 die Eröffnung seines Kleidergeschäfts am Markt 7 an:

„Die billige Kleiderhalle von Hermann Prinz am Markt, im Hause des Herrn Kegel, empfiehlt zu äußerst billigen Preisen elegante fertige Herren- und Knabengarderobe, Confirmandenanzüge in schwarzem Tuch und dunkelcarrirtem Bukskin in großer Auswahl und zu sehr billigen Preisen. Sämtliche Waren sind reell und gut gearbeitet und wird für gute Stoffe garantiert ... Bestellungen nach Maass werden bestens angefertigt."[30]

Prinz und seine Ehefrau stammen aus dem Preußischen und kamen über Kamenz und Großröhrsdorf nach Pirna. Als dritter Sohn wird der Familie 1883 Albert geboren.

Familie Prinz verzieht 1890 nach Dresden.[31]

Dort begründet Herrmann Prinz ein Herren- und Knaben-Garderobegeschäft „im eigenen Hause" in der Annenstraße 47, wie er am 23. 3. 1892 im „Pirnaer Anzeiger" seiner einstigen Kundschaft in Pirna mitteilt.

Der 25-jährige Kaufmann **Max Goldschmidt** aus Lissa in der Provinz Posen begründet am 1. Oktober 1879 in der Schloßstraße 13 sein Geschäft.

Seiner jungen Frau und ihm werden 1885 und 1889 zwei Söhne, Berthold und Georg, geboren.[32]

Ein Jahr nach Geschäftsgründung kommen auch Max Goldschmidts Eltern, Aron und Bertha, nach Pirna und beziehen im Nebenhaus, Nr. 12, eine Wohnung.[33]

1888 zieht es auch die Mutter von Rosalie Goldschmidt, **Selma Guhrauer**, nach Pirna.[34]

Auch Max Goldschmidts Schwester **Helene Rosam** kommt mit ihrem Ehemann David Rosam aus Dresden nach Pirna.[35] Hier wird am 2. 12. 1890 ihr Sohn Hugo geboren, der 1938 in Stuttgart als Zahnarzt lebt und allem Anschein nach nicht vor dem Krieg aus Deutschland weggekommen ist.

Die gesamte Familie Goldschmidt verläßt zwischen Oktober 1893 und März 1894 Pirna und verzieht nach Breslau.[36]

Im Jahre 1884 wird der in Schirwindt/Ostpreußen geborene **Isidor Cohn** als Kaufmann in Pirna ansässig.[37] Er ist damals 27 Jahre alt. Als vormalig preußischer Staatsbürger erwirbt er als erster Jude unserer Stadt die sächsische Staatsbürgerschaft am 23. 3. 1892.[38]

Pirnaer Anzeiger
vom 2. 10. 1884

Die Familie Cohn lebt von allen jüdischen Familien am längsten in Pirna: runde 55 Jahre, bis Anfang 1939. Alfred Cohn, ihr Sohn, kommt 1945 nach Pirna zurück.

1886 ziehen **Mina Ikenberg** und ihr Ehemann Salomon, beide in New York geboren, nach Pirna.[39] Sie müssen Anfang der 80er Jahre aus den USA nach Deutschland umgesiedelt sein und zunächst in Apolda und Ranstadt in Hessen eine selbständige Existenz aufzubauen versucht haben, ehe sie sich für annähernd sieben Jahre in Pirna niederlassen. Mina Ikenberg betreibt auf der Dohnaschen Straße 35, dann in der Jacobäerstraße 1 (Eckhaus) ein Weißwarengeschäft; ihr Mann ist Handelsreisender.[40] Zu ihren drei Kindern (Ida, Hermann und Albert) gesellt sich in Pirna noch Zuwachs: 1888 wird Jenny geboren, 1889 Rosa. Ikenbergs lösen bereits 1893 ihr Geschäft auf und gehen nach Remscheid.

Der aus Danzig stammende Kaufmann **Siegfried Goertz** zieht 1889 aus Berlin zu.[41] In Pirna eröffnet Eveline Goertz, geb. Löwenstamm, in der Dohnaschen Str./Ecke Jacobäerstraße 1 ein Herren-, Damen- und Kinderkonfektionsgeschäft,[42] das sie im „Pirnaer Anzeiger" mehrfach als „erstes, einziges und größtes Spezial-Geschäft am Platze" mit Anfertigung in eigener Werkstatt anpreist.[43]

Siegfried Goertz führt dann ab 1899 das Geschäft mit Herren- und Knaben-Garderobe in der Dohnaschen Str. 31 weiter, bis zum 20. 9. 1901.[44] Dann verläßt die Familie Pirna und verzieht nach Spandau.

Nur ganze 9 Monate, vom 3. 7. 1891 bis zum 1. 4. 1892 hält das Ehepaar **Ette und Adolf Weiß**, sie aus dem Posenschen, er aus Ungarn gebürtig, der Konkurrenz im Konfektionshandel stand.[45] Dabei schien doch die Geschäftseröffnung durchaus hoffnungsvoll. Ette betreibt in der Schössergasse 1 ein „Schneiderei-Geschäft für Herren- und Knaben-Garderobe nach Maass verbunden mit großem Lager von fertiger Herren- und Knaben-Garderobe" und verfügt über „große Auswahl in- und ausländischer Stoffe."[46]

Für die Maßanfertigung sorgt ihr Ehemann Adolf, der Schneider von Beruf ist. Familie Weiß zieht wieder nach Dresden, woher sie gekommen war.

Ebenfalls nur rund 1 1/2 Jahre (1891/92) wohnt die Geschäftsvertreterin **Fernande Rosenthal** aus dem schlesischen Jauer in Pirna. Außer der registrierten Anwesenheit ist über sie nichts Näheres zu erfahren.[47]

Im Herbst 1893 beenden zwei jüdische Textilgeschäfte (Goldschmidt und Ikenberg) ihre Geschäftstätigkeit in Pirna. Da hält mit **Eugen Rohr** aus Berlin ein auf den ersten Blick erstaunlicher junger Mann am 13. 12. 1893 in Pirna Einzug.[48] Eugen Rohr ist zu dieser Zeit fast auf den Tag genau 21 Jahre alt, mithin nach der damaligen Rechtslage erst seit 7 Tagen volljährig, eröffnet aber auf der Dohnaschen Str. 52 das erste Warenhaus der Stadt.[49] Obwohl er Pirna bereits zum 1. 5. 1894 verläßt, verbleibt sein Name in der Firmenbezeichnung „Albert Langer, vormals E. Rohr Nachf." bis in die 30-er Jahre erhalten.

Eugen Rohr kündigt seine Geschäftseröffnung am 25. 1. 1894 mit einer großen Anzeige an:

> „Die Eröffnung meines Warenhauses in Wäsche, Putz, Trikotagen, Gardinen, Woll- und Weißwaren, Manufaktur- und Leinenwaren, Tapezier- und Lederwaren, sowie Posamenten und sämtlichen Artikeln zur Damenschneiderei
> findet heute, Donnerstag, den 25. Januar, statt...
> Grundsatz meines Geschäfts:
> Großer Umsatz, überraschende Billigkeit,
> streng feste Preise, freundliche Bedienung.
> Vorteile für Modistinnen, Schneiderinnen und Wiederverkäufer.
> Pirna, Dohnasche Str. 2."[50]

Einige Tage später erweckt er erneut Aufmerksamkeit für sein Warenhaus mit der größten jemals im Pirnaer Anzeiger erschienenen Annonce von ganzen zwei Seiten![51]

Es ist stark zu bezweifeln, daß dieser junge Mann hier als selbständiger Warenhausbesitzer agierte. Auch die ihn ablösenden Geschäftsführer waren zumeist junge Leute, und sie dürften alle Angestellte des Dresdner Warenhausunternehmens Messow und Waldschmidt gewesen sein, das schließlich auch Haus und Grundstück als Eigentum erwirbt.[52]

Dennoch sind diese Geschäftsführer in den Pirnaer Gewerbeakten meist als selbständige Betreiber des Warenhauses registriert, während andere, vermutlich die Hauptgeschäftsführer des Unternehmens, meist in Leipzig oder Dresden wohnhaft, als Eigentümer geführt werden. Eugen Rohr wird am 1. 5. 1894 durch den 23-jährigen Kaufmann **Georg Hirsch** abgelöst. Der stammt aus Kriewen, Kr. Kosten in Preußen, ist aber aus Dresden zugezogen. Bis 1901 führt er das Unternehmen in Pirna.[53]

Seine Verlobung mit Bianka Schlamm aus Breslau im Juni 1900[54] verweist uns auf seine neue Lebens- und Wirkungsstätte.

In der Abfolge von Geschäftsführern der Firma „E. Rohr Nachf." finden wir zwischen 1894 bis 1897 neben Hirsch noch Salomon Hirschfeld, der aber in Dresden wohnen bleibt.[55]

Für zwei Jahre (1901-1903) übernimmt Walter Petzschke das Warenhaus.[56] Das könnte der einzige nichtjüdische Inhaber oder Geschäftsführer des Hauses gewesen sein, ehe am 24. 3. 1903 mit Paul Messow aus Dresden, ein Mitglied der Dresdner Warenhaus-Kette Messow und Waldschmidt, die Leitung der Pirnaer Filiale antritt.[57]

Ihm folgt 1908 **Albert Langer**, unter dessen Namen das Unternehmen in Pirna auch bis 1938 läuft („Albert Langer, vorm. E. Rohr Nachf.").[58]

Langer wird bereits 1911 durch Hermann Meiser abgelöst,[59] der auch in Dresden wohnen bleibt und zwischendurch das Unternehmen durch jüngere Leute führen läßt, z. B. durch Bruno Freymann, der von 1914 bis 1917 mit Unterbrechungen mehrfach in Pirna wirkt und auch wohnt.[60] Er wird 1922 zum ordentlichen Geschäftsführer und bleibt es bis zur „Arisierung" des Unternehmens etwa Anfang 1936.[61] Während dieser Zeit treten noch Walter Rieß (Leipzig) und David Pelz (Dresden) als Inhaber auf.[62]

Dieses Warenhaus mit geräumiger Verkaufsfläche im Erd- und 1. Obergeschoß dominierte jahrzehntelang im Pirnaer Konfektions- und Textilbereich und stand sicher auch mit seinen vorteilhaften Preisen hoch in der Gunst der Käufer.

Von April 1936 bis März 1939 wird das Warenhaus zur Filiale der Dresdner Knoop u. Co. GmbH,[63] ehe es ab 6. 4. 1939 an Victor K. übergeht.[64]

Früher Antisemitismus in Sachsen und in Pirna

Als es gerade fünf jüdische Geschäfte in Pirna gibt, erscheint am 7. 10. 1886 im „Pirnaer Anzeiger" folgende Annonce:

„Höchste Zeit ist es, daß man sich jetzt immer um einen Platz zur Erbauung einer Synagoge umsieht, da die Kinder Israels in unserer Stadt sich in beängstigender Weise vermehren.

Ein Reformer."[65]

Diese Anzeige ist eine Novität. Zum ersten Mal außerhalb von Wahlen finden wir in der örtlichen Zeitung individuelle politische Meinung bekundet, dazu noch in ironisch-hetzerischer Form. Was den Verfasser so beängstigt, ist das Anwachsen des jüdischen Bevölkerungsanteils auf 37 Personen (davon mindestens 12 Kinder), also bei rund 12.000 Einwohnern auf 0,32 %![66] Gleichzeitig ist diese Anzeige aber auch das früheste Anzeichen des neueren Antisemitismus in unserem Raum.

Der nazistische Antisemitismus, der in den Völkermord an den Juden mündete, überdeckt oft seine Vorläufer und Wegbereiter. Ihre Spur wollen wir kurz zurückverfolgen.

Seit 1874 entstehen in Deutschland eine Anzahl antisemitischer Vereinigungen, die nun nicht mehr vorrangig religiösen, sondern rassistischen Antisemitismus propagieren.

Es ist hier nicht der Platz, diese Entwicklung im Ganzen zu umreißen. Skizziert werden sollen lediglich jene Vorgänge und Tendenzen, die für Sachsen und unser Gebiet bedeutsam sind. Im Jahre 1878 wird durch den aus Sachsen stammenden preußischen Historiker Heinrich von Treitschke jene Losung hervorgebracht, die später zum Motto des abscheulichsten Hetzblatts der Nazis, Steichers „Stürmer", wird: „Die Juden sind unser Unglück!"[67]

Im gleichen Jahr formiert sich in Dresden der antisemitische „Deutsche Reformverein" unter Alexander Pinkert. Der tritt 1880 mit der Zeitung „Deutsche Reform" an die Öffentlichkeit. In ihr erscheint als programmatisches Dokument 1881 Pinkerts „Appell an das deutsche Volk zum Selbstschutz gegen die 'Judenpest'".[68] Im gleichen Jahr konstituiert sich der Reformverein auf einem Gründungsparteitag in Dresden als „Deutsche Reformpartei",[69] die sich vor allem auf die Mittelschichten Sachsens orientiert.

Während in anderen Gebieten Deutschlands antisemitische Vereinigungen lokal begrenzt bleiben, strahlt diese Parteigründung auf andere deutsche Länder aus. 1882 wird ein erster internationaler antijüdischer Kongreß nach Dresden einberufen. Der zweite, ein Jahr später, findet in Chemnitz statt.[70] In Leipzig entsteht der Hammer-Verlag des Theodor Fritsch. Die zentrale Zeitschrift der Antisemiten, der „Antisemiten-Kathechismus" erscheint hier, ab 1907 als „Handbuch zur Judenfrage" und erreicht bis 1944 eine Auflagenhöhe von 325.000 Exemplaren.[71]

Diese antisemitische Agitation zeichnet sich, bei allen unterschiedlichen Nuancen, durch eine Reihe von Gemeinsamkeiten aus: Charakteristisch sind ein rassistisch begründeter Antisemitismus, überdrehter Nationalismus und antikapitalistische „Reform"-Phrasen, letztere gerichtet auf die durch kapitalistische Industrialisierung bedrängten kleinbürgerlichen Mittelschichten und Teile der Arbeiterschaft. Aber es taucht ebenfalls schon die Forderung nach physischer Vernichtung der jüdischen Bürger auf, bald auch die nach Rücknahme der rechtlichen Gleichstellung der Juden und ihre Stellung unter das Fremdenrecht.[72]

Nach dem erwähnten ersten Signal im „Pirnaer Anzeiger" finden seit 1890 antisemitische Tiraden auch in unserem Kreis ihren Nährboden.

Zu den Reichstagswahlen 1890 erscheint eine Annonce, die sich in dicker Balkenüberschrift an Handwerker wendet:

„Bedenkt, daß die hiesigen Juden für die Wahl Eysoldt's mit aller Energie thätig waren. Jeder Deutschfreisinnige resp. Eysoldt ist ein Freund der Juden! Deshalb behaltet die Augen offen!

Ein Handwerker."[73]

Bezeichnenderweise setzt der „Pirnaer Anzeiger" gerade unter diese Auslassung die Geschäftsannonce des jüdischen Kaufmanns Isidor Cohn.

Der in der „Handwerker-Annonce" genannte Rechtsanwalt Eysoldt vertrat den 8. sächsischen Reichstagswahlkreis (Pirna) als Freisinniger von 1871 bis 1887 im Reichstag. Er gehört

auch zu jenen, die dem Bismarckschen Ausnahmegesetz gegen die Sozialdemokraten ihre Zustimmung verweigerten.

1887 unterliegt er dem konservativen Dresdner Holzhändler Grumbt, der auch 1890 wieder gewählt wird.[74]

Zwischen 1890 und den nächsten Reichstagswahlen von 1893 scheinen in unserem Kreis antisemitische Tendenzen erste organisatorische Formen angenommen zu haben. Auf dem Parteitag der Antisemitischen Volkspartei 1892 in Dresden sind unter 119 Delegierten auch die Reformvereine von Helmsdorf, Neustadt und Stolpen vertreten.[75] 1893 existiert bereits ein Wahlausschuß der „Deutschen Reform-Partei" im 8. sächsischen Reichstagswahlkreis.

Er nominiert den Dresdner Mörtelfabrikanten Carl Friedrich Lotze, der zum Führungskern dieser Antisemitenpartei in Sachsen gehört, als Reichstagskandidaten.[76] Lotze betreibt eine rührige Wahlwerbung in unserem Kreis. Er wird dabei, wie in Teilen Sachsens, auch durch Konservative unterstützt. So finden wir im „Pirnaer Anzeiger" vom 9. 6. 1893 einen Wahlaufruf des „Conservativen Landes-Vereins im Kgr. Sachsen", in dem es u. a. heißt:

„…Wir wollen ein christliches Volk unter christlicher Obrigkeit, eine deutsche Nation unter deutschen Fürsten und einem deutschen Kaiser sein und bleiben. Fort mit dem sich vordrängenden und zersetzenden jüdischen Einflusse auf unser Volksleben, aber auch fort mit der jüdischen Lüge, dem jüdischen Betruge im Munde derer, die sich zwar Deutsche und Christen nennen, aber nur auf die Untergrabung von Deutschtum und Christentum ausgehen, indem sie Beides den verwerflichen Parteizwecken unterordnen."[77]

Lotze wird auch vom „Reichstreuen Verein für Königstein und Umgebung" unterstützt.[78] Er tritt allenthalben als „Candidat der gesinnungstüchtigen Mittelparteien" auf. An sozialen Reformen werden u.a. gefordert: „…verschärfte Konkurs- und Wucher-Gesetze, Beseitigung der Conkurrenz der Zuchthausarbeit, der zügellosen Gewerbefreiheit und der unbegrenzten Freizügigkeit, Beschränkung des Hausier-Handels, der Abzahlungs-Bazare, Schwindel-Ausverkäufe und Wanderlager, der Börsenspekulation…", auch die soziale Lage der Arbeiter soll verbessert werden.[79]

Der bisherige konservative Abgeordnete, Kommerzienrat Grumbt, sei nicht mehr wählbar, verkünden die Reformparteiler.

„Allein seine Haltung zu den Handelsverträgen, seine völlige ablehnende Stellung gegenüber dem Antisemitismus, dessen Berechtigung auch von der deutschkonservativen Partei anerkannt worden ist, machen es für jedes Mitglied des Mittelstandes unmöglich, ihn wieder zu wählen."

In der Tat löst sich der konservative „Reichstreue Verein" im Kreis auf und tritt für die Wahl Lotzes ein.[80] Einige Konservative nominieren zwar noch rasch Hoenerbach, aber der hat keine reale Chance. Der Steinbruchbesitzer Julius Lotze, Stadtrat in Pirna, distanziert sich in der Zeitung öffentlich vom „antisemitischen oder reformerischen Kandidaten" C. F. Lotze und möchte keinesfalls mit ihm verwechselt werden.[81]

Die organisierte Arbeiterbewegung ist ohne die jüdischen Intellektuellen Karl Marx, Ferdinand Lassalle, Eduard Bernstein und Rosa Luxemburg, um nur einmal die wesentlichsten zu nennen, schlechthin nicht vorstellbar. Weil sie nach radikaler Emanzipation strebte, war sie gerade auch für viele Juden politische Heimstatt. Sie grenzte sich unzweideutig von antisemitischer Volksverhetzung ab.

In Pirna wird der seit 1885 in Dresden ansässige Emanuel Wurm, „mosaischer Religion", im Jahre 1888 als sozialdemokratischer Kandidat bei den Reichstagswahlen ausersehen. Das geschieht unter illegalen Verhältnissen, denn das Sozialistengesetz verbietet jede politische Tätigkeit im Sinne der Sozialdemokratie. Emanuel Wurm aber muß eingeführt und vorgestellt werden, damit ihn eine größere Anzahl hiesiger Sozialdemokraten kennenlernen kann, um dann für ihn als Kandidaten zu werben. Das geschieht am 15. 12. 1888 im „Volksbildungsverein". E. Wurm führt sich dort offiziell unter den Augen überwachender Polizeibeamter als „Chemiker aus Dresden-Neustadt" mit einem Vortrag zum unverfänglichen Thema „Über Volksernährung" ein.[82]

Auch beim 1. Stiftungsfest des Volksbildungsvereins am 24. 2. 1889 ist er wieder angereist und hält die Festrede.[83] Fast genau ein Jahr später, am 26. 2. 1890, ist Reichstagswahl. Wurm erhält in unserem Wahlkreis 3922 Stimmen = 19,3% – bei damals 122 Mitgliedern des sozialdemokratischen Vereins im Kreis.[84]

Im Vorfeld der Wahlen von 1893, wählt der sozialdemokratische Kandidat Julius Fräßdorf in bewußter Auseinandersetzung mit dem „Reformer"-Kandidaten Lotze als Thema einer öffentlichen Versammlung des sozialdemokratischen Volksbildungsvereins am 22. 1. 1893 vor ca. 250 Teilnehmern: „Die Antisemiten und die Sozialdemokratie".[85]

Am 6. 5. 1893 beschließen im Carolabad ca. 120 anwesende Mitglieder, auch aus Sebnitz, Königstein und Schandau, in einer öffentlichen sozialdemokratischen Parteiversammlung, ein Flugblatt gegen den Antisemitismus in Angriff zu nehmen. Es ist leider nicht erhalten geblieben.[86]

Und so sahen dann die Wahlergebnisse im Kreis aus:

Lotze (Reformpartei) 7803 Stimmen, Fräßdorf (Sozialdemokrat) 7665, Eysoldt (Freisinn) 4233 und Hoenerbach (Cons.) 1248.[87] Eine Stichwahl ist nötig. Aus diesem Anlaß veröffentlicht Lotze erneut einen Wahlaufruf, in dem es heißt: „Wollt Ihr gegen die Verjudung des deutschen Volkes energisch Front machen,... dann wählt Lotze!"[88] In der Stichwahl setzt sich Lotze mit 12.296 Stimmen gegen Fräßdorf mit 9606 durch.[89] In Sachsen erhielten die antisemitischen „Reformer" bei diesen Wahlen 93.364 Stimmen und brachten es bei 11 Kandidaturen auf 6 Mandate im Reichstag, darunter das für den bei uns gewählten Lotze.[90]

In diesem Jahr 1893 kommt es im Ergebnis der konzentrierten antisemitischen Aufheizung auch zu ersten Boykottaufrufen gegen die jüdischen Kaufleute. Wenn auch Einzelheiten dazu nicht überliefert sind, so legt doch die Gegenaktion in Gestalt einer ganzseitigen Anzeige im „Pirnaer Anzeiger" vom 16. 12. 1893 davon Zeugnis ab.

Dieser Appell an die Käufer enthält einen indirekten Vorstoß an die Adresse der Sozialdemokratie, wohl auch zur Absicherung gegenüber einer kleinbürgerlich geprägten Mehrheit in der Bevölkerung.

Für Lotze, der sich 1898 erneut als Reichstagskandidat bewirbt, sind aber Sozialdemokraten wie Juden Feinde. In seinem ersten Wahlaufruf im „Pirnaer Anzeiger" vom 29. 5. 98 heißt es denn auch:

„Die Reichstagswahlen von 1898 müssen zum Entscheidungskampfe zwischen dem deutschen Volke und seinem Erbfeinde, der verjudeten Sozialdemokratie werden."

Als „geeignete Kampfmittel gegen die Sozialdemokratie" gelten:

Pirnaer Anzeiger Nr. 292. — Seite 7. — Sonnabend, 16. Dezember 1893.

Guter Rath

für den

Einkauf von Weihnachtsgeschenken

lautet ein von antisemitischer Seite in Umlauf gesetztes Flugblatt.

Die **Socialdemokraten** rufen:

„Kauft nicht bei Nicht-Genossen!"

Die **Antisemiten** rufen:

„Kauft nicht bei Juden!"

Boykott hie, Boykott da!

Hat das Boykottsystem Euren Beifall? Kann es Euren Beifall haben, daß politische Meinungsverschiedenheiten bis in das Geschäftsleben Verbitterung, Haß, Ausschließung und Verfolgungssucht hineintragen?

Wir wollen es nicht glauben; denn das verträge sich nicht mit Eurer **Liebe zu unserem deutschen Volke**, für dessen Wohlfahrt ein friedliches Zusammenwirken in Handel und Wandel die erste Bedingung ist.

Wohin würde es führen, wenn der Conservative den Reformer und dieser Jenen, und Beide den Liberalen, und umgekehrt, als Verkäufer mit dem Banne belegten?

Erschreckt Ihr nicht vor dem Bilde der Zersplitterung und der Zerrissenheit, das sich vor Euren Augen erhebt? Oder glaubt Ihr, daß das Gift des Parteihasses dort eben zu wirken aufhören wird, wo Ihr leichtgläubig die Grenze seiner Wirksamkeit hinzeichnet? Es wird, einmal in Wirksamkeit gesetzt, **keine Confession und keine Partei verschonen.**

Aber auch die **Gerechtigkeit** verliert nicht aus dem Auge.

Ist der Boykott, den die Antisemiten verhängen, gerechter als der der Socialdemokraten, den Ihr gewiß verdammt?

Darum fort mit jeder Regung des Hasses aus Handel und Wandel, wo Jeder dem Ganzen dient, indem er das Seine sucht.

Auch die **Hausfrau will** für die Ihrigen das Beste kaufen, wenn sie das durch schwere Arbeit erworbene Geld auf den Markt bringt. Warum sie in der Wahl der Verkaufsstelle beschränken? Warum die wirthschaftlichen Sorgen ihr vermehren?

Die **Pflicht**, ein Haus in gutem Stande zu halten, ist in unserer Zeit nachgerade schon schwer genug. Und die Erfüllung dieser Pflicht wollt Ihr der Hausfrau noch schwerer machen?

Deutsche Hausfrauen! Lasset Euch in der Erfüllung Eurer Pflicht von keiner Parteilosung **beschränken! Kaufet dort, wo Ihr für Euer Geld das Beste bekommt!** Das sind schlimme Rathgeber, die Euch empfehlen, beim Einkauf auf die Parteizugehörigkeit oder auf die Religion des Verkäufers zu achten.

Wer der antisemitischen Losung, nicht bei Juden zu kaufen, folgt, **schädigt den Christen nicht weniger als den Juden.** Kommt nicht der größte Theil der Einnahmen auch des jüdischen Kaufmanns den Fabrikanten, Angestellten, Handwerkern und Bauern christlicher Religion zu Gute?

Würden sich die antisemitischen Wünsche plötzlich erfüllen, wie viele christliche Familien würden dann ein trübseliges Weihnachten feiern! Wie viele Hunderte von Christen finden ihren redlichen Unterhalt in jüdischen Geschäften! Fragt sie, ob sie bei jüdischen Arbeitgebern ihren Beruf nicht gern und freudig erfüllen! Fragt sie, ob die Grundsätze jüdischer Kaufleute nicht gleich ehrenwerth sind, als die der christlichen! Fragt sie, ob ihre Tagesarbeit nicht ebenso belohnt und zum Weihnachtsfest nicht ebenso anerkannt wird, als dies in christlichen Geschäften geschieht! Darum abermals:

Fort mit jeder Parteilosung beim Einkauf!

Wir haben in Sachsen eine große Anzahl äußerst solider, sowohl christlicher, wie jüdischer Geschäfte, die in Reichhaltigkeit des Lagers und streng reeller Bedienung mit einander in freundschaftlichem Wettbewerb stehen.

Mit welchem Rechte wagt man es, dem Kauflustigen zu verbieten, dorthin zu gehen, wo er seit Jahren seine Einkäufe zu machen pflegt, oder wo er gerade Das findet, was seinen Wünschen und seinen Mitteln entspricht? Ist das nicht eine ebenso **schwere als ungerechte Schädigung des Publikums,** das sich nicht bevormunden zu lassen braucht?

Wie würde man, und mit Recht, die Juden angreifen, wenn sie Gleiches mit Gleichem zu vergelten suchten? Auch die jüdischen Familien, und natürlich gerade die wohlhabenderen, machen Einkäufe, und mancher christliche Geschäftsmann würde es empfinden, wenn seine jüdischen Kunden plötzlich ausblieben.

„Was Du nicht willst, daß man Dir thu',
Das füg' auch keinem Andern zu!"

Wer Haß und Zwietracht säet, der entfacht den Krieg Aller gegen Alle.

Seid gerecht und haltet Frieden!

Deutsche Frauen! Denkt an die Wohlfahrt der Gesammtheit, denkt pflichtgemäß an den Vortheil des eigenen Hausstandes! Macht Eure Einkäufe ohne Rücksicht auf Partei und Religion! Jede Parteilosung schädigt Euch.

Sei der Verkäufer Jude oder Christ, liberal oder conservativ, **kauft dort, wo Ihr das Beste am preiswürdigsten bekommt!**

Das ist guter Rath!

„Die Aufklärung des Volkes und speziell der Arbeiter über das Wesen und die wahren Ziele der sozialdemokratischen Lehre, die Hebung der Religiosität und des sittlichen Gefühls in der arbeitenden Bevölkerung, die Verminderung der Begehrlichkeit der Massen durch Vereinfachung der Lebenshaltung aller Stände, die Verminderung der Steuerlast in den erwerbenden Klassen und die Beseitigung des jüdischen Einflusses in der Führerschaft der Industrie-Arbeiter."[91]

Diese Stoßrichtung betont auch eine andere bezeichnende Stellungnahme, die am 16. 6. 1898 erscheint, und zwar mit fetter Balkenüberschrift gleich auf Seite 1:

„Reichstagswahl!

Angesichts der sozialdemokratischen Anmaßungen werden die Mitglieder des Reichstreuen Vereins dringend aufgefordert, geschlossen Mann für Mann für

Herrn C. F. Lotze in Dresden

einzutreten und demselben am 16. Juni ihre Stimme zu geben.

Commerzienrat Hugo Hoesch, Hütten."[92]

Bei diesen Wahlen setzt sich erneut der Antisemit Lotze mit 11 118 Stimmen, diesmal sogar im ersten Wahlgang mit der absoluten Mehrheit, gegen Fräßdorf mit 10.007 und den Freisinnigen Fischbeck mit 652 Stimmen durch.[93] Bei den Wahlen ein Jahr später, 1899, gewinnt Lotze zwar mit 10.692 Stimmen weniger als Fräßdorf mit 11 571 und dem abgeschlagenen Kandidaten des Freisinns, Strohbach, mit 1 825 Stimmen, setzt sich aber in der Stichwahl mit 13.307 gegenüber 12.605 für Fräßdorf noch einmal gegen diesen durch.[94] Erst 1903 unterliegt er dem sozialdemokratischen Kandidaten.

So hat die Mehrheit der Wählerschaft des 8. sächsischen Reichstagswahlkreises für runde 10 Jahre einen erklärten Antisemiten in die höchste parlamentarische Vertretung des deutschen Reiches entsandt!

Die zwei Jahrzehnte vor dem 1. Weltkrieg

Aus Schleusingen kommt der in Friedland/Ostpreußen geborene 26-jährige **Adolf Kaminsky** am 2. 9. 1893 nach Pirna. Ende 1897 ist seine Existenz als Kaufmann so weit gesichert, daß er heiraten kann. Mit Jahresbeginn 1898 hält auch seine Frau Rosalie in der Dohnaschen Straße/Ecke Jacobäerstraße 1 Einzug. Sie stammte aus Beuthen/Oberschlesien. Der Familie Kaminsky werden in Pirna geboren: 1898 ihr Sohn Walter und 1900 ihre Tochter Minna.[95]

Adolf Kaminsky übernimmt 1893 das ehemals Ikenberg'sche Geschäft und bezieht auch wohl deren Wohnung. Wie Ikenbergs handelt Kaminsky mit Kurz-, Putz-, Posamenten-, Weiß- und Wollwaren,[96] bis zum Jahre 1935.

Seit 1907 betreibt er auch eine eigene Putzmacherei, in der er 2 - 4 weibliche Arbeitskräfte beschäftigt, die er aber im Mai 1925 endgültig einstellt und sich dann nur noch auf den Handel beschränkt.[97]

Adolf Kaminsky,

Dohnasche Strasse 10.   **PIRNA,**   **Dohnasche Strasse 10.**

empfiehlt

Posamenten=, Putz=, Weiß= und Wollwaaren.

Wollene Knaben= Mützen und eleg. Hütchen
20, 25, 35, 45, 60, 75 Pfg., 1, 1,25, 1,60, 2—3 Mk.

Wollene Mädchen= Hüllen und Capuzen
sowie elegante Hütchen
40, 60, 80 Pfg., 1, 1,25, 1,50, 2—4 Mk.

Wollene Damen= Hüllen und Capuzen,
do. in Chenille, Tuch und Plüsch
60, 80 Pfg., 1, 1,40, 1,80, 2, 2,40, 3—6 Mk.

Wollene Damen= und Kinder= Strümpfe
in allen Größen,
12, 15, 18, 20, 25, 30, 40, 50, 70 Pfg., 1—1,80 Mk.

Wollene Männer= und Frauen= Strümpfe
in großer Auswahl
30, 35, 40, 50, 80 Pfg., 1—1,50 Mk.

Wollene Kleidchen und Unteranzüge
45, 60, 75, 90 Pfg., 1—3 Mk.

Normal= Hemden und =Hosen
80 Pfg., 1, 1,20, 1,50, 2—4,50 Mk.

Damen= und Kinderunterröcke und Hosen
40, 45, 50, 60, 80 Pfg., 1—5 Mk.

Specialität: Gardinen schon von 15 Pf. an bis 20, 30, 35 Pfg.

Grösste Auswahl!

Anerkannt billigste Bezugsquelle am hiesigen Platze.

Pirnaer Anzeiger vom 22. 12. 1893

Am 16. 1. 1894 zieht auch der in Halle/Saale geborene ledige Kaufmann **Alexander Löwenthal** in der Dohnaschen Str./Ecke Jacobäerstraße ein.[98] Im „Pirnaer Anzeiger" vom 14. 10. 1894 finden wir seine erste Annonce:

„Die Eröffnung meines Spezial-Etablissements für Herren- und Damengarderobe findet Donnerstag, den 18. Oktober, vormittags 7 Uhr statt. Neben Café Klemm. A. Loewenthal, Dohnasche Str. 10/Ecke Jacobäerstraße."

Er verläßt Pirna „auf Reisen" im Mai 1898.

Sein Schwager **Josef Linz** aus Rotenburg a. d. Fulda übernimmt von ihm Geschäft und Wohnung. Dem Ehepaar Linz werden 1899 und 1902 ihre Töchter Alice und Gertrud geboren.[99] Linz verlegt sein Geschäft 1903 in die Dohnasche Straße/Ecke Dr.-Wilhelm-Külz-Str. 1 mit Herren-, Damen- und Kinderkonfektion und läßt sich dann bis zur Geschäftsaufgabe 1930 an der Ecke Dohnasche/Schmiedestraße 31 nieder.[100]

Severin Uszakiewicz übernimmt es. Er behält bis 1938 die Firmenbezeichnung „Fa. Linz Nachf." bei, fügt aber in einer Geschäftsanzeige ausdrücklich „Arisches Unternehmen" hinzu.[101]

Mit dem 33-jährigen Kaufmann **Gustav Heß** erhält Pirna 1895 ihren ersten und einzigen jüdischen mittelständischen Fabrikbegründer. Von ihm und seiner Familie wird ausführlicher noch zu berichten sein.[102]

Hermine u. Gustav Heß mit Tochter Ilse und Sohn Günther Albert Heß und einem Offizier (vermutlich während des 1. Weltkrieges)

Der Kaufmann **Götz Byk** aus der preußischen Provinz Posen lebt zwischen 1896 und 1901 mit seiner Ehefrau in Pirna.[103] Götz und Lina Byk kommen aus Grätz im Posenschen nach Pirna. Für Byk gibt es noch eine zweite Namensvariante in den Akten, und zwar „eigentlich Gustav Bick".[104] Am Obermarkt, Ecke Schuhgasse 16 betreibt er zwischen Juli 1896 und September 1900 ein Herren-Garderoben, Hut- und Schuhwarengeschäft. Noch 1906 wird bei einer Geschäftseröffnung an der gleichen Stelle auf das Byk'sche Geschäft („früher Gustav Bick") verwiesen.[105] Könnte der Umzug Byks 1901 durch guten Geschäftsgang in Pirna möglich geworden sein?

Bei Byk ist vermutlich auch der Commis **Benno Hamburger** aus dem oberschlesischen Tworog tätig gewesen, und zwar von 1896 bis 1900, ehe er nach Glogau verzog.[106]

Der aus Posen stammende Kaufmann **Max Aron Neumann** lebt mit seiner Familie nur ein Jahr und drei Monate in Pirna (1900-1901), aber zwei seiner Kinder werden hier geboren.[107] Womit er hier seinen Lebensunterhalt bestritt, ist nicht bekannt. Nach seinem Wegzug besitzt er in Dresden auf dem „Weißen Hirsch" eine Kurpension.[108]

Das Byk'sche Geschäft übernimmt mit dem gleichen Sortiment im September 1900 dessen Schwager **Baruch Herzfeld** aus dem schlesischen Kreis Strelitz. Lina Byk und Goldchen Herzfeld waren Schwestern. Herzfelds hatten sechs Kinder, von denen vier in Pirna zur Schule gegangen sein müssen. 1906 meldet Baruch Herzfeld sein Gewerbe ab und verzieht nach Treuen im Vogtland.[109]

Der 23jährige Kaufmann **Isaak Haller** aus Kattowitz war von 1903 bis 1908 bei Linz beschäftigt und begab sich dann nach Halberstadt, wo er möglicherweise eine selbständige Existenz begründen konnte.[110]

Für Sonnabend, den 3.März 1906 kündigt **Max Scharf**, in Oberschlesien geboren und aus Radeberg zugezogen, die Eröffnung seines Geschäfts in der Schuhgasse 16 an.[111]

Er setzt das Byk'sche, später Herzfeld'sche Geschäft direkt fort und betreibt es über 13 Jahre lang bis zum Juni 1919 mit etwas verändertem Warenangebot, laut Anzeige: „Herren- und Knaben-Garderobe sowie Arbeiterkonfektion, Schuhwaren für Damen, Herren und Kinder."[112] 1919 verzieht das Ehepaar Scharf nach Breslau, woher Frau Scharf stammte.

Am 22. August 1906 läßt sich der im österreichischen Russisch-Banilla geborene Geschäftsreisende **Jacob Engler** mit seiner Frau Schifra und den Töchtern Anna und Marie in Pirna nieder.[113] 1917 wird noch ihre Tochter Ilse geboren.

Jacob Engler versucht es, einen Kurz- und Galanteriewarenhandel aufzubauen, ehe er schließlich zum Trödelhändler wird und am Ende ein Pfandleihgeschäft führt, das nach seinem Tode am 1. 3. 1923[114] seine Frau bis 1938 aufrecht erhält.[115]

Aus Bautzen kommt 1908 der 29-jährige **Adolf Zimmering** und seine Frau Cejta. Beide sind in Horodenka, Galizien geboren, mithin „Ostjuden" wie Englers. In der Langestraße 10 betreibt Adolf Zimmering ein Uhrenreparaturgeschäft.[116] Zu ihrem in Dresden geborenen Sohn Siegfried gesellen sich in Pirna die Brüder Max (geboren am 16. 11. 1909) und Josef (1911).[117] Da Adolf Zimmering die sächsische Staatsbürgerschaft erworben hat, ist er auch militärdienstpflichtig. Im ersten Weltkrieg wird er zum Kriegsdienst eingezogen. Ihres Ernährers beraubt, zieht Frau Zimmering im Mai 1915 mit ihren damals 8, 6 und 4 Jahre alten Knaben zu Verwandten nach Dresden. Dort lebten drei Schwestern Zimmerings mit ihren Familien. Das Geschäft muß aufgegeben werden.

Max Zimmering kennen wir als Dichter und Schriftsteller. In den 20er Jahren arbeitet er in Dresden als Schaufensterdekorateur, wird 1928 Mitglied des Kommunistischen Jugendverbandes, 1930 der KPD. Seit 1928 veröffentlicht er als Arbeiterkorrespondent Gedichte und Prosa für die „AIZ und die „Linkskurve" und wird Mitglied des Bundes proletarisch revolutionärer Schriftsteller. 1933 emigriert er in die Tschechoslowakei, später nach Frankreich, Palästina und England, wo er Redakteur der in London erscheinenden Monatsschrift „Freie deutsche Kultur" wird und auch für andere antifaschistische Zeitschriften schreibt. 1946 kehrt er nach

22. 9. 1971: Max Zimmering wird Ehrenbürger der Stadt Pirna

Dresden zurück, ist hier zwischen 1946 und 1953 Redakteur der „Zeit im Bild" und gehört zu den rührigsten Mitarbeitern im Bezirksverband der Schriftsteller in Dresden.

Zwischen 1956 und 1958 ist er Verbandssekretär des Schriftstellerverbandes der DDR und folgt dann dem Ruf als Direktor des Instituts für Literatur „Johannes R. Becher" in Leipzig.[118] Seit 1964 bis zu seinem Tode am 15. 9. 1973 lebt er als freier Schriftsteller in Dresden. Von ihm stammen eine Reihe Gedichtbände, Jugendbücher und u.a. der Roman „Phosphor und Flieder", der die Zerstörung Dresdens im Februar 1945 zum Gegenstand hat.[119] Max Zimmering war Ehrenbürger der Stadt Pirna. Eine Schule auf dem Pirnaer Sonnenstein trug seinen Namen.

Schloma Simon Rath stellt sich im Juli 1908 in der Schössergasse 1 mit einem recht bunten Geschäft vor. Es vereint Modewaren, Herrengarderobe, Uhren, Spiegel und Bilder.[120] Das noch junge Ehepaar Rath ist osteuropäischer Herkunft; er stammt aus dem galizischen Kolomea, sie aus einem kleinen Ort bei Lodz. Nach nur dreijähriger Tätigkeit ziehen sie nach Leipzig um.[121]

Schwierigkeiten jüdischen Lebens in einer kleinen Stadt

Mit dem Jahre 1867 waren Juden gleichberechtigte Bürger in Sachsen. Waren sie damit tatsächlich in der Gesellschaft als Gleiche aufgehoben? Diese rein juristische Sicht verstellt den Blick auf die ganze Wirklichkeit. Was zum frühen Antisemitismus in unserem Raum hier verknappt auszusagen war, macht bereits einige Blockierungen erkennbar.

Die chronologische Übersicht über jüdische Einwohner in Pirna zwischen 1876 und dem 1.Weltkrieg gibt nichts weiter als einen kargen Abriß. Mehr ist bei den meist auf nüchterne personale und gewerbliche Angaben beschränkten Quellen auch nicht möglich. Überlebende, die sich dieser jüdischen Bürger erinnerten und uns helfen könnten, ihre Lebensumstände deutlicher werden zu lassen, gibt es heute kaum noch.

Dennoch werden einige Zusammenhänge erkennbar. Auf sie soll im folgenden kurz verwiesen werden.

In Pirna bestimmte, wie in jeder kleineren Stadt, bis in die Anfänge unseres Jahrhunderts eine relativ dünne Schicht von Honoratioren das gesellschaftliche und wirtschaftliche Leben. Sie nahm Fremde, wenn sie nicht gerade als staatlich Beamtete oder Militärs Einzug hielten, nur nach langer Zeit an und auf. Erst recht begegneten diese bestimmenden Leute jedem Juden mit Vorbehalt, Abneigung und Mißtrauen.

Die einheimische Kaufmannschaft, auch Handwerker, machten sofort in jüdischen Kaufleuten eine gefährliche und von vornherein als unlauter verdächtigte Konkurrenz aus.

Wenn sich im 19. und zu Beginn des 20. Jh. Juden in Leipzig, Dresden, Chemnitz, Görlitz oder Plauen niederließen, dann konnten sie auf die Schutzfunktion ihrer jüdischen Gemeinde bauen. Zudem kann der einzelne in einer Großstadt weitgehend seine Anonymität bewahren, wenn er nicht gerade an exponierter Stelle tätig ist. In Pirna war beides nicht möglich.

Im überschauten Zeitraum lebten allem Anschein nach nie mehr als 10 jüdische Familien gleichzeitig in unserer Stadt. Sie bildeten keine eigene Religionsgemeinde, verfügten also auch nicht über Synagoge oder Bethaus als einer ständigen oder periodischen Begegnungsstätte. Soweit sie der jüdischen Glaubensgemeinschaft verbunden waren, dürften sie der Dresdner Religionsgemeinde angehört haben. Daß jüdische Tradition auch hier bewußt behauptet wurde, beweist der Antrag des Kaufmanns Kaminsky vom 24. Juli 1907 an den Stadtrat, jüdischen Religionsunterricht in Pirna zu ermöglichen.

Dieses Gesuch findet nicht gleich ungeteilte Zustimmung im Sinne religiöser Toleranz. Es dauert ganze fünf Monate, ehe man sich zu einer positiven Entscheidung bereit findet. Zunächst löst der Antrag Kaminskys im Stadtrat eine Diskussion über die „Schädigung der Kaufmannschaft durch jüdische Geschäfte" aus – Gewinnbedürfnisse stehen vor religiöser Duldung. Schließlich wird über eine Mietforderung für die Nutzung eines Raumes in einer Schule in Höhe von 25-30 Mark jährlich entschieden, „welcher Beitrag ungefähr dem Ausfalle entspricht, den die evangelische Schulgemeinde dadurch erleidet, daß die Kinder am evangelischen Religionsunterricht nicht mehr teilnehmen", eine heute nachdenklich stimmende Entscheidung![122]

Immerhin ist es so ab Januar 1908 möglich geworden, daß der Dresdner Oberrabbiner, der Literaturhistoriker Prof. Dr. Winter, und die Lehrerin Flora Wolfsohn, ebenfalls aus Dresden, sonntags von 10 - 12 Uhr jüdischen Religionsunterricht erteilen konnten. Da Religion Pflichtfach war, wurde selbst die Teilnahme am jüdischen Religionsunterricht streng überwacht. Nachlässigkeit löst sofort Reaktion der Aufsichtsbehörde aus. So wird der Fabrikbesitzer Heß 1912 nachdrücklich darauf verwiesen, wer nicht den evangelischen besuche, müsse am jüdischen teilnehmen.[123]

Wer sich in Pirna unter den angedeuteten Umständen als jüdischer Kaufmann und Geschäftsgründer behaupten wollte, mußte entschieden besser sein als seine deutschen Konkurrenten. Er war angehalten, seine Kundschaft durch preiswertere, qualitativ einwandfreie Erzeugnisse zu gewinnen, stets neu anzuziehen und sich viel einfallen zu lassen, z. B. regelmäßige Lagerräumungen, Saisonverkäufe, wirksame Werbung, Großabnehmern eingeräumte Sonderkonditionen und allgemeine Risikobereitschaft. In diesem Kampf hielten einige erfolgreich über mehrere Jahrzehnte durch (Kaminsky, Cohn, Linz, Rose, das Warenhaus Albert Langer, vorm. E. Rohr Nachf.).

Einige schafften hier einen erfolgreichen Start, der es ihnen gestattete, ihre Geschäftstätigkeit in Großstädte zu verlegen (Goldschmidt nach Breslau, Rose nach Berlin, Prinz, Weiß,

Neumann nach Dresden, Ikenberg nach Remscheid). Andere gaben in dieser ablehnend kalten Atmosphäre nach kurzer Zeit auf.

Die relativ wenigen jüdischen Kaufleute, alle im Textilbereich, später auch im Schuhverkauf tätig und dicht beieinander mit ihren Geschäften, waren auch untereinander Konkurrenten. Auffällig ist die starke Fluktuation. Von den 27 hier bis zum 1. Weltkrieg Verzeichneten reicht bei 10 die Aufenthaltsdauer bis zu 5 Jahren, bei 6 bis zu 10, bei 5 bis zu 15, bei einem bis zu 20 Jahren. Die Firma Linz bestand 32 Jahre. Bis in die Nazizeit hielten lediglich die Familien Cohn, Kaminsky, Heß und Engler durch. Aufschlußreich ist auch die Herkunft der jüdischen Familien.

Sechzehn kamen aus den wirtschaftlich rückständigen Gebieten Deutschlands: den preußischen Provinzen West- und Ostpreußen und Schlesien, zwei aus ländlichen Gebieten Ungarns und Böhmens, drei waren „Ostjuden" aus dem vor dem 1. Weltkrieg noch zu Österreich gehörigen Galizien und lediglich fünf aus Mittel- und Westdeutschland. Ikenbergs stammten aus den USA und gehörten zu denen, deren Hoffnungen sich im „Lande der unbegrenzten Möglichkeiten" nicht erfüllten.

Pirna dürfte auch Durchgangsstation für manche aus jenem Strom junger Juden aus östlichen Gebieten gewesen sein, die in Richtung Mittel- und Westeuropa und in die USA aufgebrochen waren, um der Armut, der Perspektivlosigkeit, Verfolgung, manchmal auch der traditionellen Enge ihrer jüdischen Gemeinden zu entfliehen. In den Einwohnerverzeichnissen begegnen uns viele weitere Juden beiderlei Geschlechts, die sich vorübergehend, nur kurz in Pirna aufhielten.

So zogen bei Cohns und Englers mehrfach Verwandte und Bekannte aus dem Osten ein, wurden manchmal für einige Monate beschäftigt, ernährt, erwarben hier das für die Weiterreise nötige Geld. Für sie war Pirna Zwischenstation auf der Suche nach dauerhaften Erwerbs- und Niederlassungsmöglichkeiten.[124]

Die sächsische Staatsbürgerschaft erwarben nachweislich die Familien Cohn, Heß, Kaminsky und Zimmering.

Zwischen erstem Weltkrieg und Hitlerfaschismus

Von den insgesamt 28 nachweisbaren jüdischen Familien, die in den vierzig Jahren zwischen 1876 und 1914 nach Pirna einzogen, waren am Ende des ersten Weltkrieges noch die von Cohn, Kaminsky, Heß, Linz und Engler verblieben.

Alfred Cohn, Walter Kaminsky, Manfred Heß und Adolf Zimmering hatten, wie andere wehrdienstfähige Männer unserer Stadt, am Krieg teilgenommen. Während die Eltern der ersten drei ihre Unternehmen während des Krieges aufrechterhalten konnten, bedeutete für Adolf Zimmering die Kriegsteilnahme das Ende seiner Geschäftstätigkeit.
Die Weimarer Republik verankerte in ihrer Verfassung erstmals allgemeine Grundrechte, unterschiedslos für alle Bürger. Das sicherte auch Juden die gleichen Freiräume,[125] sofern sie deutsche Staatsangehörige waren. Nicht Eingebürgerte unterlagen weiterhin dem Ausländerrecht. Das traf auf Jacob Engler und seine Familie zu.

Wie die jüdischen Handels- und Gewerbeunternehmen die tiefe politische und wirschaftlichsoziale Nachkriegskrise überstanden, läßt sich heute im einzelnen nicht mehr aufklären. Die geradezu wahnwitzige Inflation bis zum Jahresausgang 1923 beschwor ein Massenelend herauf, das Folgen für alle im Wirtschaftsleben hatte, mit Ausnahme weniger Inflationsgewinnler. Konkrete Wirkungen für unsere Stadt sind, bis auf den Herbst 1923,[126] noch nicht untersucht worden.

Lediglich die Jahre von 1924 bis 1929 brachten konjunkturellen Aufschwung, oft wird sogar von den „goldenen Zwanzigern" gesprochen, und gerade in dieser Phase wurden in Pirna eine Reihe neuer jüdischer Handelsunternehmen begründet.

Sie alle erlebten jedoch schwierige Zeiten in der Ende 1929 hereinbrechenden Weltwirtschaftskrise, die für Pirna und den gesamten Landkreis zu Spitzenwerten der Massenarbeitslosigkeit innerhalb Sachsens führte, wobei Sachsen wiederum in Deutschland das am stärksten betroffene Land war. Die verheerende Verelendung großer Teile der Arbeiterschaft und auch anderer sozialer Schichten ließ die Kaufkraft der Bevölkerung rasch und stark absinken und verschlechterte natürlich gravierend die Existenzbedingungen für alle Handelsbetriebe.

Genauere Forschungen über diese Periode der Stadtgeschichte stehen ebenfalls noch aus. Eines aber läßt sich mit Gewißheit folgern: Diese Krise bereitete auch hier den sozialen Boden, auf dem sich die braune Flut ausbreiten konnte.

Nach der Begründung von NSDAP-Ortsorganisationen in Bad Schandau und Neustadt in der ersten Hälfte der 20er Jahre entstand 1929 auch eine in Pirna, sowie SA-, SS- und HJ-Gruppen, die sehr bald mit gewalttätigen Aufmärschen und antisemitischen Haßtiraden an die Öffentlichkeit traten. Sie fanden bald bei Wahlen starken Zulauf, wie die nachfolgende Übersicht zeigt.

Ergebnisse der Reichstagswahlen in der Stadt Pirna 1928-1933

Jahr	SPD	KPD	NSDAP	DNVP	DVP	Zent	DDP
1928	4864	4013	144	2383	1953	311	1077
1930	4896	4479	2887	790	313	315	1381
1932	4623	5030	6394	995	851	380	272
1932	4475	4977	5207	1438	847	359	254
1933	4640	5411	7412	1697	598	404	215

1932: Wahlen im Juli und im November. DNVP = Deutschnationale Volkspartei, DVP = Deutsche Volkspartei, Zent = Zentrum, DDP = Deutsche Demokratische Partei[127]

In diesen wechselvollen Jahren suchen mindestens 13 Juden in Pirna eine neue Existenz.

Noch vor Kriegsende bezieht der türkische Justizbeamte **Schemseddin Arif** im September 1918 für ein dreiviertel Jahr mit Frau und zwei kleinen Kindern eine Wohnung in der Reitbahnstraße. Alle sind türkische Staatsangehörige und „mosaischer Religion". Was ihn als Bürger der mit dem deutschen Kaiserreich verbündeten Türkei nach Pirna führte, wird wohl immer ein Rätsel bleiben.[128]

Aus dem russisch-polnischen Bialystok kommen im August 1918 **Pinchos Tschaczkowski**, 28 Jahre, und im Januar 1919 Abram Weinberg, 24 Jahre, nach Pirna. Ob sie beide sich kannten, der eine dem anderen folgte, ist nicht bekannt. Tschaczkowski wird im September 1919 wegen Preiswuchers und Vergehens gegen die Reichsgetreideordnung polizeilich belangt. Weitere Maßnahmen unterbleiben; es handelte sich offenbar um ein Bagatelldelikt.

Im Juli 1920 versucht er in der Schössergasse 7 gemeinsam mit einem jungen Deutschen, der aber bald aussteigt, einen Zigarren-, Zigaretten- und Tabakhandel. Im Oktober 1923, auf dem Inflationshöhepunkt, geht das Geschäft ein.[129]

Kümmerlich schlägt er sich in der Folgezeit als Handelsreisender durch. Eine Bleibe hat er schon 1919 bei einer benachbarten Schankwirtin gefunden, was dieser wegen „wilder Ehe" eine polizeiliche Untersuchung beschert, noch schlimmer aber: 1936 eine akute Gefährdung „wegen Rassenschande".

Ermittelt wird da durch die Gestapo gegen Tschaczkowski und mit ihm liiert gewesene weibliche „Arierinnen". Tschaczkowski aber hatte bereits Anfang der 30er Jahre Pirna und im Dezember 1935 Deutschland in Richtung Heimat verlassen.

So verläuft das Verfahren im Sande.[130] Pinchos Tschaczkowski war eine schillernde Persönlichkeit, ein durchaus ansehnlicher, charmanter und begehrter junger Mann. Im Pirnaer Arbeitersportverein spielte er Fußball und war als „Pinne" bei seinen Kumpels beliebt.[131] Was mag aus ihm geworden sein?

Der Gerber **Weinberg** lebt zunächst zur Untermiete in der Plangasse 11. Er heiratet hier eine evangelische Pirnaerin. Im April 1920 kommt ihr Sohn zur Welt. Daß Weinberg in Pirna eine Arbeit in seinem Beruf fand, ist wenig wahrscheinlich.[132] Emmi Weinberg versucht es 1920 in der Plangasse mit „Groß- und Kleinhandel mit Zigarren, Zigaretten, Rauch-, Kau- und Schnupftabak" – ein schwieriges Unterfangen in dieser Zeit.[133] So bricht die junge Familie Ende Januar 1921 gen Hamburg auf. Sind sie von dort aus über den „großen Teich" nach Amerika? Ein Indiz gibt es dafür, daß sie 1939 nicht mehr in Deutschland waren: Weder für Weinberg noch für seinen Sohn wird da der Zusatzname „Israel" beantragt.

Bruno Freymann, der bereits zwischen 1914 und 1917 insgesamt viermal (28 Monate) bei „Albert Langer, vorm. E. Rohr Nachf." in der Dohnaschen Straße 52 beschäftigt war und in dieser Zeit auch in Pirna wohnte, kommt im September 1922 als Geschäftsführer des zum Warenhaus-Konzern Messow und Waldschmidt in Dresden gehörenden Kaufhauses nach Pirna. Er ist inzwischen verheiratet und Vater eines zweijährigen Knaben. In Pirna wird 1923 das zweite Kind, ein Mädchen, geboren.[134]

Der Bücherrevisor, Steuer- und Wirtschaftsberater **Ernst Fernbach** läßt sich 1922 oder 1923 mit seiner Frau in Pirna nieder. Hier werden dem Ehepaar am 19. 7. 1924 Zwillinge geboren, ein Mädchen und ein Junge. Die Familie wohnt in der Bergstraße, danach in der Reichsstraße.

1936 stirbt Ernst Fernbach. Seine Frau, eine „Arierin" im Sprachgebrauch der Nazis, verläßt mit ihren Kindern Pirna und zieht wieder in ihre Heimatstadt Cuxhaven.[135]

1933: Bruno Freymann, 50jährig

In der Niederen Burgstraße 3 besteht zwischen Oktober 1925 und Februar 1929 ein Laden für „Manufakturwaren, Konfektion und Schuhwaren sowie Trödelhandel",[136] den **Betty Zloczower, genannt Rittberg**, aus Dresden betreibt. Er muß nicht viel abgeworfen haben. Betty Zloczower/Rittberg überträgt ihn im Mai 1928 an ihre Mutter Marijam, die das Geschäft bereits im Februar 1929 aufgibt.[137]

Im Juni 1926 eröffnet **Wolf Jurmann** zunächst in der Dohnaschen Str. 43 ein Textilwaren- und Bettfederngeschäft,[138] zieht mit ihm aber schon nach drei Monaten in die Schössergasse 1 und 10 b (zwei einander gegenüberliegende Läden) und läßt sich dann im April 1929 am Markt 14 mit erweitertem Warenangebot nieder.[139] Wolf Jurmann ist in Chliwestie, in der rumänischen Bukowina geboren, während eines Besuchs seiner Eltern, einer Lübecker Kaufmannsfamilie, in ihrer alten Heimat,

Manfred und Esra Jurmann am 28. 2. 1933 auf dem Marktplatz in Pirna

Familie Jurmann im Jahre 1929

Wochenmarkt um 1930. Oben links: die Geschäfte von Jurmann und Weiner.

wächst aber in Lübeck auf. 1916 erwirbt er dort die deutsche Staatsangehörigkeit und wird daraufhin zum Kriegsdienst eingezogen. Zu ihrem Sohn Manfred gesellt sich in Pirna 1929 dessen Bruder Esra.

Im „Pirnaer Anzeiger" vom 27. 10. 1926 teilt **Benno Weiner** seine Geschäftseröffnung so mit:

„Vielfachen Wünschen unserer geehrten Kundschaft von Pirna und Umgebung nachkommend, eröffnen wir am Freitag, dem 29. Oktober 1926 in Pirna, Am Markt, Ecke Schössergasse 11 eine Filiale in Herren- und Damenkonfektion...erstklassige Qualitäten...zu billigen Preisen. Kaufhaus Weiner, Dresden, Schössergasse 9, am Altmarkt."

Das war nun Weiners bereits 2. Filiale, denn auch in der Heidenauer Bismarckstraße 17 hatte er Geschäftsräume. Er führt auch Konfektion für Kinder, ferner „Wäsche, Herrenartikel und sonstige Kleidungsstücke".[140]

Was **Ernst Noack** 1927 nach Pirna geführt hat, ist nicht bekannt. Er ist am 29. 1. 1897 in Landsberg an der Warthe geboren. Seine Jugendzeit ist geprägt durch den ersten Weltkrieg, in den er nach kurzem, abgebrochenem Jurastudium hineingeworfen wird. Verwundungen, Verschüttung und französische Kriegsgefangenschaft lassen ihn körperlich und nervlich zerrüttet aus dem Krieg heimkehren. Diese Erlebnisse haben aber auch sein Denken geformt. Allem Anschein nach hat ein depressives Leiden ihn mehrere Jahre arbeits- und aktionsunfähig gemacht. Erst am 17. 9. 1930 hebt das Amtsgericht Pirna seine „Entmündigung wegen Geisteskrankheit" auf. Er ist zu dieser Zeit seit 1. 4. 1930 arbeitslos und lebt mit seiner Ehefrau Ida, die aus Pirna-Posta stammen soll, von einer monatlichen Kriegerfürsorgeunterstützung in Höhe von 60,95 RM. Vor seiner Arbeitslosigkeit war er als Spinner im Kunstseidenwerk Küttners beschäftigt.

Innenansicht eines EHAPE-Kaufhauses

Ernst Noack gehört seit 1931 der KPD und der Roten Hilfe an, deren Rechtsschutzvertreter er in Pirna wird. Er schreibt Berichte für die kommunistische „Arbeiterstimme". Im Bund der Opfer des Krieges und der Arbeit ist er Hauptkassierer.[141]

Das größte Kaufhaus entsteht in Pirna im September 1928. Es ist das „**EHAPE**", ein Einheitspreisgeschäft der von Leonhard Tietz in Köln begründeten Aktiengesellschaft für Einheitspreise, die heute noch im „Kaufhof" weiterlebt. In der Breiten Straße 19 handelt sie laut Gewerbeanmeldung mit „Kurz- und Galanteriewaren, Textil- und Tapisseriewaren, mit Stoffen, Gardinen Tabakwaren, Seife und Parfümerien, Haushaltsgegenständen, Herrenartikeln, Spielwaren und Lebensmitteln."[142]

Das „Schuhaus Neustadt" in der Breiten Straße 7 entsteht im Oktober 1928 als ein Filialbetrieb des in Dresden angesiedelten Stammhauses von **Leopold Neustadt**. Es führt neben Schuhwaren und deren Nebenartikeln auch Strümpfe.[143]

Max Tabaschnik, in Krippen als Dentist tätig, macht im September 1929 in der Schmiedestraße 32 eine dienstags, donnerstags und sonnabends geöffnete „Filial-Zahnpraxis" auf, siedelt bald aber ganz nach Pirna in die Weststraße 32 (Siegfried-Rädel-Str.) über.[144]

Tabaschnik stammt aus der Ukraine, kam bereits mit 16 Jahren 1910 nach Deutschland, erlernte in Karlsruhe den Zahntechniker-Beruf und wurde nach zeitweiliger Internierung während des ersten Weltkrieges nach dem Krieg staatenlos. Er sympathisiert mit der Arbeiterbewegung, ohne Mitglied einer Partei zu werden, behandelt während der Krise Arbeitslose gegen geringes Entgelt oder ganz umsonst und betätigt sich bei den Arbeitersamaritern.[145]

Max Tabaschnik am Schreibtisch

Owsey Gorstein, der ebenfalls aus Rußland stammt und in Dresden wohnt, meldet Anfang Dezember 1930 sein Schuhwarengeschäft in der Schössergasse 11 (neben Weiner) an,[146] zieht bald in die Schössergasse 6 um, geht aber bereits im Januar 1932 in Konkurs – ein Opfer der Krise, die die Schwächeren, zu denen er sicher gehörte, zuerst hinwegraffte.

Noack und Tabaschnik waren über berufliche Tätigkeit und gesellschaftliches Engagement als Gleiche bei vielen Pirnaern anerkannt und geachtet.

Sicher erfreuten sich auch viele Handel- und Gewerbetreibende bei ihren Kunden größeren Vertrauens, werden ihnen doch besondere Freundlichkeit, ansprechende Bedienung und reelles Preisniveau nachgerühmt. Das war für alle wichtig, die mit Arbeitslosen-, Krisen- oder Wohlfahrtsunterstützung auskommen mußten. So kam die Mehrzahl auch relativ unbeschadet über die Krise. Gleichzeitig erregte das aber Neid und Mißgunst bei ihren deutschen Konkurrenten, die sich oft von antisemitischen Hetzparolen der Nazis einfangen und weismachen ließen, gerade die jüdischen Unternehmen, besonders Warenhäuser und Einheitspreisgeschäfte, wären an ihrer wirtschaftlichen Misere schuld. Dafür gibt es mehrfach Zeugnis im „Freiheitskampf", der Nazizeitung für unsere Region.

Als die Nazis die Macht übernahmen

1933 brach das Unheil über die mindestens zwölf jüdischen Familien herein, die zu dieser Zeit in Pirna lebten oder tätig waren.

Was sie zu erwarten hatten, konnte sich damals wohl so recht niemand vorstellen. Außer Englers besaßen alle die deutsche Staatsangehörigkeit und fühlten sich dem deutschen Volk zugehörig. Einige hatten im ersten Weltkrieg ihren Kopf hingehalten, waren verwundet und ausgezeichnet worden. Dennoch war wohl allen der dunkel-dumpfe, aggressive Antisemitismus bereits in vollem Umfange gegenwärtig, mit dem die Nazibewegung aufwartete.

Der Dentist **Max Tabaschnik** ist das erste Opfer unter den Juden Pirnas. Die große Haussuchungs- und Verhaftungswelle nach Reichstagsbrand am 28. 2. 1933 und Reichstagswahl am 5. 3. 1933 erfaßt ihn, wie viele andere Kommunisten und Sozialdemokraten. Nach einer Hausdurchsuchung am 6. März, die nichts Verdächtiges zutage fördert, wird er am Abend des 25. März verhaftet und in die Fronfeste in der Schmiedestraße eingeliefert.

Der „Schutzhaft" in diesem feucht-muffigen mittelalterlichen Verlies folgt die Einlieferung in das von der SA-Standarte 177 Pirna eingerichtete KZ Königstein-Halbestadt. Furchtbar gequält, zusammengeschlagen, tagelang ohne Essen und Trinken, geschunden bei schwerster Stein-

Schutzhaftlager der SA-Standarte 177 in Königstein-Halbestadt: Aufseher und Häftlinge am Steinbruch

bruchsarbeit, am Schlafen gehindert, fortwährend beschimpft und verhöhnt, ist er schließlich nach kurzer Zeit mit seinen physischen und psychischen Kräften am Ende. Er muß ins Krankenhaus nach Pirna eingewiesen werden. Dort und auch nach seiner Entlassung steht er ständig unter Polizeikontrolle, bis es ihm schließlich gelingt, mit seiner Familie unter Zurücklassung all seiner Habe bei Rehefeld über die Grenze zu entkommen.

Über den Rundfunksender Prag berichtet er als einer der ersten Augenzeugen über das, was er durchmachen mußte. Ein genauer Bericht von ihm erscheint 1934 in Karlsbad als Teil einer Schrift über die Konzentrationslager in Deutschland.[147]

Ein Copitzer Gastwirt denunziert am 15. 3. 1933 **Ernst Noack** beim SA-Sturm 177 als „gefährlichen Kommunisten", der Flugschriften unter dem Titel „Sachsenpost" verteilt.

Am 17. 3. folgt darauf eine Haussuchung, die kommunistische Zeitungen und Broschüren zutagefördert. Am 26. 3. wird er verhaftet und gelangt über die Fronfeste Pirna ins KZ Hohnstein.[148] Vier Wochen hält man ihn dort fest. Was einem Kommunisten, der gleichzeitig noch Jude war, in Hohnstein widerfuhr, kann man nur ahnen.

Schutzhaftlager der SA-Standarte 177 in Hohnstein, 1933: Lagerleitung und Häftlinge

Ernst Noack gehört zu den wenigen Pirnaern, die sich dem faschistischen Regime weder andienen noch sich ihm widerstandslos fügen wollten. Trotz der Hohnsteiner KZ-Erfahrung ist er am Versuch beteiligt, gemeinsam mit anderen organisierten Widerstand fortzuführen.

Am 16. Dezember 1933 schlägt die Gestapo zu: 19 KPD-Mitglieder aus Pirna und Umgebung werden wegen illegaler Fortführung der KPD verhaftet, unter ihnen auch Ernst Noack. Über sie fällt das Oberlandesgericht in Dresden am 6. September 1934 seinen Spruch: Ernst Noack wird wegen „gemeinschaftlicher Neubildung von Parteien in Tateinheit mit gemeinschaftlicher Vorbereitung zum Hochverrat ... rechtskräftig zu einem Jahr Gefängnis verurteilt".

Die Strafe verbüßt er bis zum 23. Januar 1935. Dann ist er wieder arbeitslos, lebt mit seiner Frau von wöchentlich 10,30 RM Kriegerfürsorge und monatlicher Militärrente von 20,40 RM, bis er Anfang 1937 in der Porschendorfer Pappenfabrik Fürstenberg, einem jüdischen Unternehmen, eine Anstellung findet.[149]

Es kommt der **1. April 1933**, an dem der erste reichsweite Boykott stabsmäßig inszeniert wird, und zwar innerhalb weniger Stunden. Streichers Anordnung dazu ergeht am 29. März. Danach sind sofort in jeder NSDAP-Ortsgruppe und -Gliederung Aktionskomitees zur „praktischen, planmäßigen Durchführung des Boykotts jüdischer Geschäfte, jüdischer Waren, Ärzte, Rechtsanwälte usw." zu bilden.

Festgelegt wird: „Der Boykott setzt schlagartig Samstag, den 1. April, punkt 10 Uhr vormittags ein." Zehntausende Massenversammlungen haben stattzufinden. In exakter Reihenfolge zu tragende Losungen werden übermittelt.[150]

Das funktioniert auch alles in Pirna, wie gewollt.

Im „Pirnaer Anzeiger" vom 1. 4. 1933 ruft die NSDAP Pirna für den Abend des 1. 4., 20 Uhr, im „Weißen Roß" zu einer „Großen Protest-Kundgebung" auf. Der NSDAP-Kreisleiter Sterzing ist mit einer Rede angekündigt zum Thema: „Der Jud' ist unser Unglück – der kommende Abwehrkampf".

Am 2. 4. 33 erfahren wir aus dem „Pirnaer Anzeiger", der Boykott jüdischer Geschäfte habe auch in Pirna „schlagartig" eingesetzt. „Ungeheure Menschenmassen durchfluteten die Straßen", blieben vor jüdischen Geschäften stehen, von denen einige, entgegen ergangener Anweisung, geschlossen hatten."

Ilse Engler schreibt über ihre Mutter:

„Ihre Tapferkeit am 1. April 1933, am Anfang des praktizierten Boykotts der jüdischen Geschäfte, ist mir unvergeßlich. Unerschrocken wischte sie die Schmierereien der SA-Leute ab, trotz angedrohter Schläge."[151]

Auch Heidenau wird erfaßt: Zwei Geschäfte auf der Bismarck- und Bahnhofstraße werden boykottiert; eins davon gehörte Hermann Weiner und eines Maximilian Reiner.

Die Pirnaer Stadtverordnetenversammlung beschließt am 1. 6. 1933, es den städtischen Beamten, Angestellten und Arbeitern zur Pflicht zu machen, nicht in jüdischen Geschäften und im Konsumverein einzukaufen.[152]

Am 28. Juni 1933 gibt Leopold Neustadt sein Schuhgeschäft in der Breiten Straße auf, aber Erna Hammerstein, die nach ihrer Verehelichung am 15. 8. 1933 Tannchen heißt und in die Gartenstraße nach Pirna zieht, übernimmt es. Für Leopold Neustadt war der Boykott das Signal, sich aus Pirna zurückzuziehen. Erna Tannchen hielt bis zum bitteren Ende 1938 durch.[153]

Solche Boykottmaßnahmen wiederholen sich in den Folgejahren. Darüber schreibt Esra Jurmann:

„Ich habe einen miterlebt. Der SA-Mann vor unserem Geschäft war, so schien es mir, nicht mit ganzem Herzen dabei. Er murmelte 'jüdisches Geschäft', wenn jemand hereinkommen wollte. Aber am selben Tag war Jahrmarkt. Die jüdischen Stände waren auf Anordnung alle in der Töpfergasse konzentriert. Es waren wohl drei Stände. Über der Straße hing ein großer Plakatstreifen: 'Deutsche, kauft nicht bei Juden', stand drauf. Ich half meiner Mutter, als sie den jüdischen Standinhabern heißen Kaffee brachte. Eine Frau weinte. Später kamen SA oder HJ und demolierten die Stände."[154]

Die Boykott-Aktion vom 1. April 1933 bildet den Auftakt für eine ganze Reihe antijüdischer Verordnungen, Erlasse und Gesetze, die die berufliche Tätigkeit jüdischer Beamter, Rechtsanwälte, Ärzte und Hochschullehrer einschränkten und schließlich ganz unterbanden.

Polizei=Bezirkswache Pirna=Copitz, den 26.3.33.

Reg. Buch N° 59/33

S c h u t z h a f t

Der der Kommunistischen Partei Deutschlands und ihrer
Hilfs- bezw. Nebenorganisationen angehörige bezw. zu ihr
in enger Verbindung stehende

..........Kaufmann...

...........Ernst. N o a c k .... ,

geb. am 29.1.1897......... in Landsberg an d. Warthe.. ,
wohnhaft in Pirna, -Stadtteil Copitz Hauptstraße No 28,
wird auf Grund von § 1 der V.O. des Reichspräsidenten zum
Schutze von Volk und Staat vom 28.2.1933 mit Rücksicht
auf die unter dem Einflusse der K.P.D. bereits vorgenomme-
nen und beabsichtigten staatsgefährlichen Handlungen zur
Aufrechterhaltung der öffentlichen Ordnung und Sicherheit
in polizeiliche Verwahrungshaft genommen.

Besondere Gründe: Noack wurde auf Anweisung der
Standarte 177 (Reinhold u. Köpp.) festgenommen
N. ist Berichterstatter für die Arbeiterstimme u Rechts=
schutzberater der Roten-Hilfe. Er befindet sich in der
Polizeiwache Copitz in Haft
Inhaftiert am: 26 März 1933 gegen 10 Uhr.

P i r n a , am 26.März 1933.

Der Führer der Standarte 177   Der Rat der Stadt Pirna.
    der N.S.D.A.P.   - Polizeiamt

                                        Koch, i. Auger,

                                        Pol.Hauptwachtmstr.

Schutzhaft Ernst Noack

An

~~das Polizeipräsidium~~
~~die Amtshauptmannschaft~~ .... *Pirna-Copitz*
den Rat der Stadt

Der S. .... *Küffeler Hans Noack* ....

wohnhaft in .... *Copitz*

Ist am ... *28. April* ... 1933 aus der Schutzhaft entlassen worden. Er hat sich unverzüglich bei der Polizeibehörde seines Wohnortes zu melden.

Schutzhaftlager Burg Hohnstein, am *28. April* 1933

Mit 1 Beilage

Der Sturmführer.

Hauptbuch Nr. *697*

EINGEGANGEN
30.APR.1933
STADTRAT PIRNA

H. L. Nr. *697*

E r k l ä r u n g .

Ich erkläre hiermit ausdrücklich, daß ich im Falle meiner Entlassung aus der Verwahrungshaft mich verpflichte, mich der neuen Regierung gegenüber stets loyal zu verhalten, insbesondere mich jeder Agitation im Sinne der marxistischen Parteien zu enthalten. Außerdem bescheinige ich, daß ich keine Klagen über Behandlung und Verpflegung während der über mich verhängten Verwahrungshaft sowie überhaupt wegen deren Verhängung und Durchführung zu erheben habe und auf etwaige Ansprüche aus Anlaß meiner Verwahrung verzichte.
Schließlich erkläre ich, mir bewußt zu sein, daß jeglicher Verstoß gegen diese Verpflichtungserklärung meine erneute Verwahrung zur Folge haben kann.

Name: .... *Ernst Noack* ....

Wohnung: *Pirna-Copitz, Hauptstr. 28*

.... *[Unterschrift]* ....
Leiter des Schutzhaftlagers

Burg Hohnstein, den *28. April* 1933

Entlassung Ernst Noacks aus dem KZ Hohnstein

Aktenzeichen: OStA IIIa 74/34.   Dresden   den 11. März   1935.
          QStA 28/34.

EINGEGANGEN
12 MRZ 1935
STADTRAT PIRNA

An   das Polizeiamt zugleich für das

Wahlamt

in Pirna.

In der Strafsache

gegen   den Kaufmann

        Ernst N o a k ,

geboren am 29.1.1897   in Landsberg a.d. Warthe,

wohnhaft in Pirna-Copitz, Hauptstr. 28,

ist wegen   gemeinschaftl. Neubildung von Parteien in Tateinhei
mit gemeinschftl. Vorbereitung zum Hochverrat

auf Grund von §.2 des Ges. v. 14.7.33 u. §§ 86,81 Abs.1
Ziff. 2,47,73 StGB.

bei dem Oberlandesgericht Dresden   am 6. September 1934

— die Voruntersuchung eingeleitet — das Hauptverfahren eröffnet — amtsrichter-
licher Strafbefehl auf

erlassen — die rechtskräftige Verurteilung zu   1 Jahr Gefängnis unter

Anrechnung von 7 Monaten und 2 Wochen Untersuchungshaft

erfolgt. —

— Der Angeklagte hat die erkannte Strafe am 6. September 193
— nochmals — angetreten — nochmals — und bis 23. 1.35 in Dresden
verbüßt. —

Rat der Stadt Pirna.
Beschluß vom   Der Generalstaatsanwalt bei dem Oberlandesgericht
                        Im Auftrage

(VIII. 34. N.)

Das Gesetz über die Nichtzulassung von Juden als Steuerberater vom 2. 6. 1933 betraf auch Ernst Fernbach.

Als Geschäftsführer des „EHAPE" kam um die Jahreswende 1933/34 **Eugen Kohn** mit Frau und Tochter nach Pirna. Sie bezogen eine Wohnung in der Weststraße. Eugen Kohn entstammte einer wohlhabenden Familie aus dem Schlesischen, nahm als Kriegsfreiwilliger am ersten Weltkrieg teil und verlor das ihm vererbte ansehnliche Vermögen durch die Inflation, weil er es nicht, wie ihm von Banken geraten wurde, in den USA als einem Land anlegen wollte, gegen das er vier Jahre lang gekämpft hatte. Kommentar seiner Tochter: „So patriotisch waren wir damals!" Er trat in die Firma Leonhard Tietz ein und übernahm Anfang 1934 deren Filiale in Pirna – in einer Zeit, da seit fast einem Jahr die nazistische Judenverfolgung immer neue Formen annahm. Dennoch richtete sich die neu zugezogene Familie relativ rasch ein. Eugen Kohn war ein umgänglicher Mensch, hatte bald Kontakt zu anderen und knüpfte Verbindungen zu in Pirna wohnenden Juden; so fand z. B. jüdischer Religionsunterricht für die Kinder auch anderer Familien, den eine Frau Dr. Stein aus Dresden erteilte, 1934/35 in der Kohnschen Wohnung statt.

Eugen Kohn inmitten der Angestellten des EHAPE-Kaufhauses

Dennoch geriet Eugen Kohn sehr bald in die Mühlen der Repressionsorgane und zwar wegen einer Namensangelegenheit. Da es in der großen Firma Tietz mehrere höhere Angestellte mit dem Namen Kohn gab, half man sich zu ihrer Unterscheidung mit nach Bindestrich angehängtem Zweitnamen.

So hieß eben Eugen Kohn: Kohn-Konrad. Das brachte ihm Anfang 1935 eine Anzeige wegen versuchter Verschleierung seiner „nichtarischen" Identität ein. Zwar endete die Gerichtsverhandlung im Juni 1935 mit einem Freispruch, sein Dresdner Rechtsanwalt riet ihm aber dringend, weil er nun mal ins Blickfeld der Gestapo geraten war und weitere Verfolgungsmaßnahmen zu befürchten standen, Deutschland so bald als möglich zu verlassen.

Und nun folgt eine der zahlreichen Varianten einer jüdischen Auswanderung. In aller Heimlichkeit verkaufte die Familie ihre wesentliche Habe, packte, was übrigblieb, in Kisten und Koffer und ging am 10. Oktober 1935 nach Berlin „auf Reisen". Vorher hatte Eugen Kohn mehrfach Hartgeld zum Umtausch in Devisen nach Prag gebracht. Dorthin begab sich die Familie von Berlin aus. Kohn bemühte sich um Visa für Südafrika. Dafür aber waren pro Erwachsenen 100 Pfd. Sterling und für jedes Kind 75 aufzubringen. So viel stand nicht zur Verfügung. Also zog Eugen Kohn allein los, verdiente als Elektriker in Südafrika das notwendige Geld, um seine Familie nachzuholen. Im Januar 1937 waren dann alle wieder vereint und endgültig in Sicherheit.

In Südafrika arbeitete Eugen Kohn weiter als Elektriker, während sich seine Frau als gelernte Hutmacherin betätigte. Daraus erwuchs schließlich eine eigene Hutfabrik, die der Ehemann mit viel kaufmännischem Geschick stabilisieren und ausweiten konnte. Sie bestand bis 1960.[155]

Am 17. August 1935 verfügt die Gestapo, eine zentrale „Judenkartei" anzulegen und vierteljährlich zu ergänzen. Die weitere Verfolgung setzte also möglichst lückenlose Erfassung voraus, die so einfach gar nicht war. Viele waren nicht mehr „Glaubensjuden", empfanden sich selbst uneingeschränkt als Deutsche. Es gab eine unüberschaubare Zahl von „Mischehen" und das über mehrere Generationen hinweg. Wer galt also überhaupt als Jude und war in diese Kartei aufzunehmen?

Das **Reichsbürgergesetz und das Blutschutzgesetz vom 15. September 1935** schufen den Rahmen für die antisemitische „Rassenpolitik" der Folgezeit. Sie boten eine Fülle von Handhaben für Eingriffe ins familiäre Leben, wie z.B. das Verbot von Eheschließungen zwischen „Ariern" und „Nichtariern", für „Rassenschande"-Verfahren, aber auch Berufsverbote für Juden im gesamten öffentlichen Dienst und in freien Berufen. Alle diese Maßnahmen entwürdigten, demütigten die Juden, grenzten sie aus der Gesellschaft aus.[156]

Dem Nürnberger Parteitag der NSDAP war im Sommer 1935 durch eine intensive antijüdische Propaganda der Boden bereitet worden.

Ihren Widerschein finden wir auch im „Pirnaer Anzeiger", der eine Reihe entsprechender Nachrichten bringt und von mehreren Veranstaltungen berichtet. Hier nur einige Beispiele. So äußerte sich der NSDAP-Kreisleiter Gerischer in einer Kreistagung der NS-Frauenschaften,

„der Kampf gegen das Judentum sei eine politische Notwendigkeit und müsse so geführt werden, daß jüdischer Einfluß und jüdisches Blut organisch aus dem Volkskörper verdrängt werden."[157]

Der Gebietsausschuß für die Sächsische Schweiz, ihr Fremdenverkehrsverband, teilte mit:

„In unserer herrlichen Sächsischen Schweiz ist kein Platz für Juden. Ihr Besuch ist uns unerwünscht; ihr Geld macht uns nicht glücklich; ihr Auftreten beleidigt uns. Wir sind davon überzeugt, daß es im Gebiet der Sächsischen Schweiz kein Hotel oder Gasthaus gibt, das als Gastgeber für Juden auftritt.

Um so freundlicher und herzlicher begrüßen wir jedoch unsere Gäste aus dem Ausland, die keine Juden sind...

Der Gebietsausschuß...wird in Zukunft den Zeitungen im Reich, in deren Verlagen Juden beschäftigt sind, keine Aufträge für Werbeinserate mehr erteilen."[158]

Wer wagte es noch nach solcher forschen öffentlichen Verlautbarung, Juden zu beherbergen? Wie war Juden zumute, wenn sie sich dennoch in der Sächsischen Schweiz erholen wollten?

Der „Pirnaer Anzeiger" informierte auch über eine Arbeitstagung der kirchlichen Superintendenten am 6. September 1935, wonach „den Hauptgegenstand bildete die Vornahme von kirchlichen Amtshandlungen an Judenstämmlingen unter voller Würdigung des Auftrags der Kirche unter dem neuen Rassebewußtsein im deutschen Volke."[159]

Am 11. 9. 1935 wurden die Leser vom Erlaß des Reichsministers Rust über die „Rassentrennung auf den öffentlichen Schulen" in Kenntnis gesetzt. Der kündigte eine in allen Schulen durchzuführende Erhebung über die Rassezugehörigkeit an, als Vorbereitung für die Einrichtung von Judenschulen in allen Orten mit mehr als 20 jüdischen Schülern. Als Begründung konnte man lesen:

„Der rassenfremde, jüdische Schüler bildet in der Klassengemeinschaft der arischen Schüler und Lehrer einen Fremdkörper. Sein Dasein erweist sich als ein außerordentliches Hindernis im deutschbewußten nationalsozialistischen Unterricht und macht die notwendige, in der Rasse begründete Übereinstimmung zwischen Lehrer, Schüler und Lehrstoff unmöglich.“[160]

Die Ergebnisse der Erhebung in den Pirnaer Schulen rechtfertigten nicht die Einrichtung einer besonderen Judenschule, denn es gab 1936 nur ein jüdisches Mädchen in der Höheren Mädchenschule, eins in der Mädchen- (Goetheschule) und zwei Knaben in der Knabenschule (heute Schiller-Gymnasium), daneben noch je ein „Mischlings“-Kind im Realgymnasium, in der Höheren Mädchenschule, in der Knaben- und in der Mädchenschule. Am Realgymnasium wurden nur „Mischlinge“ (Sprachgebrauch nach den Nürnberger Gesetzen) verzeichnet, und zwar 1935 noch 4, 1936 noch 2, 1937 nur noch einer.[161]

Die jüdischen Schulkinder Pirnas nahmen also weiter am Unterricht in ihren bisherigen Klassen teil – aber unter welchen Bedingungen? Eine Betroffene berichtete, daß sie fortan wie eine Aussätzige allein in der letzten Reihe saß. Von Sportfesten an der Höheren Mädchenschule waren die Schülerinnen Fernbach, Freymann und Heß ausgeschlossen.[162]

Die Nürnberger Gesetze definierten, wer als Jude oder „Mischling“ 1. und 2. Grades zu gelten hatte.

Wie „Mischlinge“ betroffen waren, erfahren wir von den Geschwistern Freymann. Für Heinz Joachim, der das Pirnaer Realgymnasium 1936 mit der Mittleren Reife verließ, ist ein Studium von vornherein aussichtslos. Er nimmt eine kaufmännische Lehre in Dresden auf. Nach ihrem Abschluß wird er 1940 zum Wehrdienst eingezogen, aber im Sommer 1941 entlassen – mit dem Wehrpaßvermerk „n. z. v.“ (nicht zu verwenden). Er findet Arbeit in einem Betrieb in Coswig, dessen Inhaber kein Nazi war. Dort mußte er nicht mit „Heil Hitler“ grüßen und war bei politischen Pflichtveranstaltungen im Betrieb jeweils mit „dringenden Aufträgen“ nach Dresden versehen. Während dieser Zeit bleibt er der Haupternährer der Familie. Im Herbst 1944 trifft ihn die Einweisung in ein Zwangsarbeitslager nach Osterode am Harz. Dort schuftet er mit KZ-Häftlingen, Juden und sowjetischen Kriegsgefangenen: Stollen treiben sie in den Berg – für zu verlagernde Kriegsprodukion. Im April 1945 erlebt er dort die Befreiung.
Für Marion Freymann fand sich nach Abgang von der Höheren Mädchenschule unter großen Schwierigkeiten eine Ausbildungsmöglichkeit in einer privaten Dresdner Handelsschule.[163]

An einem anderen Fall werden auch einige Schritte deutlich, durch die die Maßnahmen gegen „Mischlinge“ verschärft wurden.

Am 7. 5. 1935 zeigt der Polizeihauptwachtmeister Hüllmann beim Oberbürgermeister, Politische Abteilung, an, er habe erfahren, daß der Kunsthändler **Alexander P.**, in der Gartenstraße wohnhaft, jüdischer Abstammung sei. Er habe deshalb „P., der die Reichs- und die Hakenkreuzfahne (am 1.Mai) gehißt hatte“, aufgefordert, „die beiden Flaggen einzuziehen und künftig das Flaggen zu unterlassen.“[164]

Für P. ist das ein Schock. P. war der unehelich geborene Sohn einer jüdischen Mutter, der von der Ehefrau seines Vaters nach dessen Tod adoptiert wurde – ein wahrlich nicht alltäglicher Fall. P. wendet sich an den Stadtrat und erklärt, daß ihm seine „mosaische Abstammung“ vollkommen unbekannt sei. Er wäre evangelisch-lutherisch getauft, konfirmiert und auch so erzogen worden. Er begreift also nicht, daß der faschistische Staat nicht nach religiösen, sondern nach „rassischen" Kriterien Menschen sortiert. Er will den ihm zugegangenen Bescheid anfechten und wendet sich an höchste Stellen. Es ergibt sich ein langwieriger Schriftwechsel, in dessen Verlauf über die Jahre 1935 bis 1939 sich die antisemitische Gesetzgebung weiter ausprägt.

Aus der Abteilung des Dr. Globke beim Reichs- und Preußischen Minister des Inneren kommt der Bescheid, daß es nach den vorliegenden Unterlagen zweifelhaft wäre, ob P. Jude oder Mischling 1. Grades sei. Er könne sich an die „Reichsstelle für Sippenforschung" wenden, um das aufzuklären. „Sollte die Prüfung ergeben, daß der Gesuchsteller Mischling 1. Grades ist, dann wäre sein Gewerbebetrieb nicht als jüdisch anzusehen."

Die daraufhin bemühte Reichsstelle verschafft P. Erleichterung: Da er ihr zufolge „als Mischling mit zwei jüdischen Großeltern gilt", bittet P., ihn „von der Liste der nichtarischen Gewerbebetriebe zu streichen, da die Mischlinge wirtschaftlich wie Arier behandelt würden, jedenfalls aber nicht als Juden bezeichnet werden dürfen." P. bittet um Mitteilung, ob er nun berechtigt sei, die Hakenkreuzflagge zu hissen. Das darf er anscheinend, nachdem er den Ariernachweis für seine Ehefrau bis zu deren Urgroßeltern erbrachte und eine Nachfrage bei der NSDAP-Kreisleitung Nachteiliges auch nicht ergab. Darüber sind 18 Monate vergangen! Die eigentlichen Schwierigkeiten stehen P. aber da noch bevor. Am 5. 8. 1939 teilt ihm der Präsident der Reichskammer für bildende Künste mit:

„Nach dem Ergebnis meiner Überprüfung der in Ihren Eigenschaften und Verhältnissen begründeten Tatsachen besitzen Sie nicht die erforderliche Zuverlässigkeit, an der Förderung deutscher Kultur in Verantwortung gegenüber Volk und Reich mitzuwirken. Die notwendigen Voraussetzungen für eine Mitgliedschaft zur Reichskammer der bildenden Künste oder für eine Befreiung gemäß § 9 der ersten Verordnung zur Durchführung des Reichskulturkammergesetzes vom 1. 11. 33 (RGBL. I, S. 797) sind daher nicht gegeben.

Aufgrund des §. 10 a. a. O. schließe ich Sie aus der Reichskammer der bildenden Kunst aus und untersage Ihnen, sich bei der Erzeugung, der Verbreitung, der Wiedergabe, dem Absatz oder der Vermittlung des Absatzes von Kulturgut im Sinne der anliegenden Begriffsbestimmung zu betätigen."

P. wird aufgefordert, sein Mitgliedsbuch umgehend zurückzusenden. Er erhält also regelrechtes Berufsverbot. Zur Abwicklung seines Geschäfts räumt man ihm eine Frist von 8 Wochen ein; der Vollzug wird am 5. 10. 1939 bestätigt.

P. wendet sich bis zum Sommer 1940 mehrfach an den „Minister für Volksaufklärung und Propaganda", der aber seine Gesuche stets ablehnt.[165]

Während 1935/36 die Geschäfte von „Mischlingen" noch als „arisch" galten, fallen sie 1939 unter das inzwischen verfügte Verbot für jüdische Gewerbebetriebe (siehe Ergänzung① Seite 130).

Eine durch Akten belegte Episode aus unserer Stadt mag die durch die offizielle Politik der faschistischen Reichsführung geförderte denunziatorische Bereitschaft wachsender Teile der Bevölkerung in Verbindung mit amtlicher Willkür örtlicher Größen veranschaulichen.

Am 12. 12. 1935 bringt R. S., den Geschäftsführer einer Buchbinderei in der Dohnaschen Straße, ein für ihn unerhörter Vorfall in Rage, der ihn unverzüglich zum Hörer greifen und die Polizei verständigen läßt. Das geschieht um 14 Uhr.

Er berichtet, daß soeben ein jüdischer Kaufmann bei ihm Ware angeboten, dabei die Partei beleidigt und eilig den Laden verlassen habe. Der Polizeiwachtmeister Sandmann begibt sich unverzüglich in die Spur und stellt tatsächlich gegen 16 Uhr auf dem Pirnaer Bahnhof den reisenden Postkartengroßhändler Mendel Wolfgang Rosenblatt. Der wird sofort „vorläufig festgenommen", verhört und ist geständig. Mendel Rosenblatt, wohnhaft in Dresden, besitzt die polnische Staatsbürgerschaft. Seine Papiere (Aufenthaltserlaubnis) sind in Ordnung.

Über den Vorgang, der die Festnahme auslöste, erfahren wir: Rosenblatt betrat das Geschäft und bot seine Ware (Ansichtspostkarten) an. S. fragte ihn, ob er es mit einem „arischen" Unternehmen zu tun habe. Daraufhin erwiderte Rosenblatt, daß es „nicht ganz arisch" sei. S: Er kaufe grundsätzlich nicht bei Juden. Darauf R.: „Ach, das ist doch schon längst veraltet". –

War er wirklich der Meinung, der SA-Boykott vom 1. 4. 33 wäre eine einmalige Aktion gewesen? Jedenfalls erklärte er S., daß er überall viel verkaufe. Im übrigen wolle er sein Geschäft auflösen und betreibe deshalb Ausverkauf. Da belehrte ihn S: „Da sind Sie noch zu keinem richtigen Nationalsozialisten gekommen!".

Und jetzt folgt eine Erwiderung, die S. als Beleidigung der NSDAP versteht. R. verläßt den Laden mit den Worten: „Äh, Ihr werdet Euch schon noch die Hörner einrennen."

Der ganze Vorgang kommt unverzüglich auf den Tisch von Oberbürgermeister Dr. Brunner, der ja gleichzeitig die Polizeigewalt in Pirna ausübt. Er stellt Schutzhaftantrag und übergibt den Fall an die Gestapo in Dresden. Die reagiert bereits am 13. 12. Sie entscheidet, Rosenblatt sei eine Woche nach Festnahme zu entlassen, ohne daß er vorher davon Kenntnis erhalte. Sie will sich also mit dieser Sache wegen ihrer ganz offensichtlichen Geringfügigkeit nicht weiter befassen. Eine Woche der Unsicherheit und Ängste sollen genügen. Dr. Brunner teilt dann auch dem Polizeipräsidium in Dresden mit, daß Rosenblatt am 19. 12. aus dem Amtsgerichtsgefängnis in Pirna entlassen wird. Er bittet dennoch, „wegen eventueller Reichsverweisung die erforderlichen Schritte von dort zu unternehmen".

Der am 19. 12. 35, 13 Uhr, entlassene Mendel Rosenblatt muß noch eine Erklärung unterschreiben, in der er sich verpflichtet, sich „stets loyal gegenüber der neuen Regierung" zu verhalten und nicht „gegen den nationalsozialistischen Staat" zu arbeiten. Er muß bestätigen, in Hinblick auf seine Behandlung keine Klagen zu haben. Meldepflicht bei der Polizei in Dresden wird ihm auferlegt.[166]

Spätestens im Herbst 1938 wird Mendel Rosenblatt, wie alle „Ostjuden", die nicht der deutschen Staatsbürgerschaft teilhaftig waren, nach Polen abgeschoben worden sein, und wenn ihm nicht vorher die Ausreise in ein außereuropäisches Land gelang, wird sich sein Lebensweg in den Ghettos und Vernichtungslagern des Ostens verlieren.

Diese Episode verrät etwas über die Atmosphäre, in der jüdisches Leben nun verlief.

Die Führung der **evangelischen Landeskirche Sachsens** trug das Ihre zur Ausbreitung des Antisemitismus bei. An ihrer Spitze stand der am 10. 12. 1933 in sein Amt als Landesbischof eingewiesene ehemalige Freiberger Pfarrer Coch, der in einem vorstellenden Beitrag im „Pirnaer Anzeiger" als „einer der Vorkämpfer der nationalen Bewegung" gepriesen wird.[167]

Auch am 10. 12. 1933 verabschiedet die Sächsische evangelisch-lutherische Landessynode 28 Thesen, die dem Nazigesetz über „Die Wiederherstellung des Berufsbeamtentums" folgen. Hier wesentliche Auszüge:

„3. Die Volkskirche bekennt sich zu Blut und Rasse, weil das Volk eine Bluts- und Wesensgemeinschaft ist. Mitglied der Volkskirche kann daher nur sein, wer nach dem Rechte

des Staates Volksgenosse ist. Amtsträger der Volkskirche kann nur sein, wer nach dem Rechte des Staates Beamter sein kann (sogenannter Arierparagraph).

4. Volkskirche bedeutet nicht Ausschluß von Christen anderer Rasse von Wort und Sakrament und von der großen christlichen Glaubensgemeinschaft. Der Christ anderer Rasse ist nicht ein Christ minderen Ranges, sondern ein Christ anderer Art. So macht die Volkskirche Ernst damit, daß die christliche Kirche noch nicht in der Vollendung göttlicher Ewigkeit lebt, sondern an die Ordnung gebunden ist, die Gott diesem Leben gegeben hat.

5. Weil die deutsche Volkskirche die Rasse als Schöpfung Gottes achtet, erkennt sie die Forderung, die Rasse rein und gesund zu erhalten, als Gottes Gebot. Sie empfindet die Ehe zwischen Angehörigen verschiedener Rasse als Verstoß gegen Gottes Willen... [168]

Welchen Einfluß übten derartige Verkündigungen auf die Gläubigen in Pirna aus? Wie mögen alle diese Vorgänge auf Juden gewirkt haben?

Sachlich läßt sich für Pirna das Folgende feststellen: Am 8. September 1933 zeigt das Amtsgericht Pirna an: „Isidor Cohn ist aus der Firma ausgeschieden. Frl. Gertrud Borrmann in Pirna ist Inhaberin. Die Firma lautet künftig Gertrud Borrmann." Diese Gertrud Borrmann, evangelisch, heiratet kurz darauf Alfred Cohn, der zum katholischen Glauben konvertiert war. Die Geschäftsübergabe an die „arische" Schwiegertochter wendet die Schwierigkeiten jedoch nicht ab. Am 15. Mai 1934 gibt Gertrud Cohn auf. Alfred Cohn versucht es als Handelsreisender. [169]

Am 5. März 1935 ist Adolf Kaminsky plötzlich verstorben. [170] Frau Kaminsky gibt das Geschäft auf und verzieht zu ihrer Tochter nach Berlin. [171]

Im Frühjahr 1936 wird der Warenhauskonzern Messow und Waldschmidt, damit auch seine Filiale in der Pirnaer Dohnaschen Straße 52, „arisiert", und der Geschäftsführer Bruno Freymann verliert seine Anstellung. Er versucht, sich mit der Fabrikation von Turn- und Sporthosen wirtschaftlich über Wasser zu halten. Das gelingt mehr schlecht als recht – wegen der immer schwieriger werdenden Verhältnisse für jüdische Geschäftsleute. Nach dem Novemberpogrom 1938 wird ihm die Gewerbeerlaubnis ganz entzogen. [172]

Auch das „EHAPE" wird „arisiert". Per 14. 4. 1937 lautet der neue Firmenname „Rheinische Kaufhalle AG". [173] Die alte Bezeichnung bewahrt sich aber im Sprachgebrauch der Pirnaer.

Auch nach dem Kriege hält sich das Unternehmen noch bis zum Mai 1952 als „Kaufhalle GmbH Hans Egolf".

Eine Schulfreundin von Ilse Engler, Pfandleihgeschäft in der Albertstraße 1 b (Dr. Wilhelm-Külz-Str.), berichtet, daß sie des öfteren mit Ilse im Geschäft war; Ilse spielte auf einem beliehenen Klavier und sang – sie hatte eine ausgezeichnete Stimme. Nie jedoch habe sie in diesem Geschäft Kundschaft erlebt. [174]

So zeitigten Boykottmaßnahmen und voranschreitende antisemitische Politik die beabsichtigte Wirkung: Juden durch ein System öffentlicher Diffamierung, der wirtschaftlichen Verdrängung zu isolieren und sie ihrer Existenzgrundlagen zu berauben. Es bedarf ja keiner Phantasie, sich auszumalen, wie es mit Umsätzen und Einkünften bei Jurmanns, Weiners, Englers und anderen weiterging, die noch bis 1938 durchhielten. Wer bei Juden einkaufte, machte sich doch mindestens mangelnder „nationaler Gesinnung" verdächtig.

Nachdem im Herbst 1937 eine sachsenweite antijüdische Kampagne unter dem Motto „Ein Volk bricht seine Ketten" zur Indoktrination des Judenhasses veranstaltet worden war, wird zwischen dem 4. und 19. März 1938 eine neue Welle von 1350 Versammlungen in Sachsen „unter dem Leitwort ‚Völkerfrieden oder Judendiktatur'?" in Bewegung gesetzt. Im Kreis Pirna finden dazu insgesamt 60 Großkundgebungen mit Propagandarednern der NSDAP statt. In den Tannensäälen spricht der Nazigauleiter Mutschmann persönlich. Er betont unter anderem, „daß derjenige, der heute noch beim Juden kaufe, sich von der Volksgemeinschaft ausschließt und daß er mit der Veröffentlichung seines Namens rechnen müsse."[175]

In einer weiteren Phase der Judenverfolgung wurde der Raubzug gegen die jüdischen Vermögen eingeleitet und in Gang gesetzt. Ihre Ausschaltung aus dem gesamten Wirtschaftsleben sollte die Verfemten und Verfolgten unter Auswanderungsdruck setzen und ihre Vermögenswerte für die Göringsche Rüstungswirtschaft verfügbar machen. Dazu dienten die im April 1938 erlassenen Verordnungen über die Anmeldung aller jüdischen Vermögenswerte über 5000 Mark und gegen die „Tarnung" jüdischer Betriebe.[176]

Im Juni wurde verfügt, alle jüdischen Gewerbebetriebe zu registrieren und zu kennzeichnen. Der Juli brachte das Aufenthaltsverbot für Juden in Kurorten. In Bad Schandau war dem schon vorgegriffen worden.

Seit Herbst 1935 wurden dort keine jüdischen Ausflugs- und Kurgäste mehr aufgenommen, und im April 1938 wartet Bad Schandau mit einer neuen Meldung auf:

„Bad Schandau ist judenfrei! Bürgermeister Baumann hat auf Veranlassung des Kreisleiters eine Polizeiverordnung erlassen, die jedem Juden in Zukunft den Aufenthalt in dem schönen Kurort unmöglich macht. Damit erfüllt sich der langgehegte Wunsch nicht nur der Einwohnerschaft, sondern auch der vielen Kurgäste und Besucher Bad Schandaus, dieses Kleinod des Sächsischen Felsengebirges endlich judenfrei zu sehen. Die für alle Kurorte und Sommerfrischen des Sächsischen Felsengebirges beispielhafte Polizeiverordnung des Bürgermeisters von Bad Schandau hat folgenden Wortlaut:

Polizeiverodnung über den Aufenthalt von Juden.

Im Einvernehmen mit der Kurverwaltung und den Kneippkurbetrieben von Bad Schandau G.m.b.H. wird folgendes verfügt:

1. Juden dürfen in Bad Schandau nicht aufgenommen werden, da keine Privathäuser, Gaststätten und Fremdenheime vorhanden sind, in denen sich nur deutschblütige weibliche Personen über 45 Jahre aufhalten.
2. Juden ist verboten: a) der Aufenthalt in Kurhäusern, b) der Aufenthalt in Kuranlagen, c) der Aufenthalt an und auf dem Tennisplatz, d) die Benutzung der Liegewiesen, e) der Aufenthalt im Elbbade, f) die Benutzung der Eisenquelle, g) die Benutzung aller Veranstaltungen der Kurverwaltung.
3. Die Bestimmungen treten sofort in Kraft. Zuwiderhandlungen werden mit Geldstrafe bis zu 150 RM oder entsprechender Haft bestraft."[177]

Am 17. August 1938 folgt die Einführung der Zwangsvornamen „Sara" und „Israel" ab 1. 1. 1939. Sie müssen bei den zuständigen Standesämtern fristgemäß beantragt werden. Auch jene Standesämter sind in Kenntnis zu setzen, bei denen einst die Geburt des Betreffenden registriert worden war.

Schließlich wird Mitte Oktober in einer Besprechung bei Göring die gesamte „Arisierung der Wirtschaft" im einzelnen beraten und angeschoben, auch die Isolierung der Juden in Ghettos. Das erstere zeitigt sofort konkrete Wirkung.

In einem Schreiben des Kreiswirtschafts-Beauftragten der NSDAP-Kreisleitung Pirna vom 17. Oktober 1938 wird „Abraham Jurmann, Textilwaren, Pirna", aufgefordert, bis zum 25. Oktober eingehend mitzuteilen, welche Schritte er „unternommen (habe), um die Überführung (seines) Geschäfts in arische Hände zu vollziehen".

Der Stand etwaiger Verhandlungen ist „genauestens zu definieren", wie es da heißt. Es wird auf strenge Preiskontrolle bei der „Arisierung" verwiesen. Die letzte Entscheidung läge bei der Kreishauptmannschaft und bei der Gauleitung der NSDAP. Hier haben wir einen Beleg für die bereits vor dem Novemberpogrom eingeleitete völlige Ausschaltung der Juden aus dem Wirtschaftsleben.

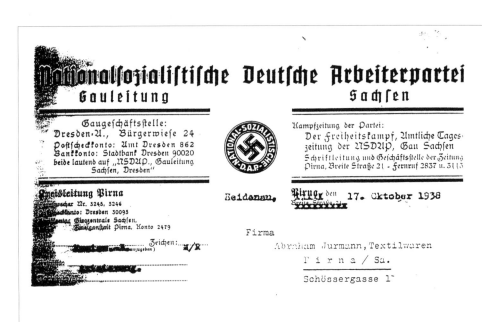

Arisierung des Geschäftes Jurmann

Der Judenpogrom vom November 1938 in Pirna

Vom 27. zum 28. Oktober 1938 weisen die Nazis in einer Nacht- und Nebel-Aktion etwa 17000 Juden polnischer Staatsangehörigkeit über die polnische Grenze aus Deutschland aus. Das Sächsische Innenministerium meldet an den Reichsführer SS und Chef der Deutschen Polizei im Reichsministerium des Inneren am 1. 11. 38 den Vollzug:

Es „...sind in der Nacht vom 27. zum 28. 10. 38 alle in Sachsen ansässigen polnischen Staatsangehörigen in Abschiebehaft genommen. Sie sind im Verlaufe des Donnerstags in 6 Sonderzügen, davon 1 von Dresden, nach Beuthen transportiert worden".

Aus Dresden wurden 724, aus Sachsen insgesamt 2804 vertrieben, ihre Wohnungen versiegelt, die Schlüssel in polizeilichen Gewahrsam genommen.[178]

Polen weigert sich, sie aufzunehmen. Es kommt zu erschütternden Szenen im Grenzbereich. Betroffen davon wird Ilse Engler, inzwischen in Dresden mit Arno Fischer, „Ostjude" aus Polen, verheiratet. Sie erlebt die Austreibung so:

„Ein Chaos, ein Desaster, ein Unglück – es gibt kein Wort dafür, um das Geschehen zu beschreiben. Ich wurde abgeholt und kam mit den Schwiegereltern in einen Schulsaal in der Blumenstraße; von dort wurden wir in Viehwaggons verladen. Es gelang mir vorher noch, in Pirna bei Dr. Jakob anzurufen, um meine Mama zu verständigen. Bis zur letzten Minute meines Lebens sehe ich von den Waggons aus meine Mutter an der Bahnsteigsperre stehen. Einem etwas menschlich angehauchten Beamten habe ich es zu verdanken, daß ich nochmals in die Arme meiner Mutter eilen konnte. Arno befand sich zu dieser Zeit in Lemberg bei Verwandten. Wir wurden bei Beuthen über die Grenze getrieben. Die Polen jedoch wollten uns nicht und schickten uns wie Vieh zurück. Die Deutschen empfingen uns mit Schreckschüssen; wir befanden uns auf Niemandsland und meinten mit Sicherheit, unsere Stunden wären gezählt ... Dann kamen wir doch auf polnischen Boden, wir wurden von polnischen Juden, die schon von dem Vertreibungsunglück erfahren hatten, mit Essen und Trinken gelabt und erfrischt."

Auch ihr Ehemann eilt herzu und kann sie schließlich nach Lemberg mitnehmen.[179]

Die Nachrichten über die Leiden der Vertriebenen gehen durch die Weltpresse. Diese Ereignisse bilden für Herszel Grynszpan, dessen Angehörige gleichfalls betroffen waren, das Motiv für sein Attentat vom 7. November auf den deutschen Botschaftsangehörigen vom Rath in Paris.

In der Nacht vom 9. zum 10. November brach der daraufhin von Goebbels inszenierte „spontane Volkszorn" überall aus.

In diesen Tagen wurden in Deutschland rund 7000 Geschäfte demoliert und geplündert, die meisten Synagogen verwüstet und verbrannt, etwa 30.000 Juden verhaftet, in KZ verschleppt und den jüdischen Bürgern eine Abgabe in Höhe von einer Milliarde Reichsmark abgepreßt.[180] Die Tat eines Einzelnen wurde sofort als Angriff der gesamten Judenheit auf die Deutschen schlechthin deklariert. „Volkszorn" und „Sühnemaßnahmen" wären so verständliche und unumgängliche Folgen. Dabei kam der Pogrom, wie die voraufgegangenen Maßnahmen der Naziführung zeigen, nicht aus heiterem Himmel.

In Pirna geschieht das durch nachts mobilisierte SA-Horden in den frühen Morgenstunden des 10. November.

Esra Jurmann schreibt:

„Ich ging am 10. November 1938, nachdem ich der Schule verwiesen wurde, in das Geschäft meines Vaters. Am Morgen, als ich in die Schule kam, bekam ich 'Blicke', neugierig, interessiert, anders als sonst. Als Herr Gulemann, der Klassenlehrer, mich nach Hause schickte, wußte ich, daß etwas Außerordentliches geschehen war. Was, wußte ich nicht. Ich überhörte ein Geflüster, irgendetwas mit ,der Laden'. Meine ,Beurlaubung' war einfach, daß Herr Gulemann mir sagte, ich könne nach Hause gehen und mir einen Brief für meinen Vater mitgab. Als ich die Schloßstraße hinunterging, sah ich, außer einer Menschenmenge bei unserem Geschäft, nichts. Als ich dann über den Markt ging und näher am Laden war, sah ich die zertrümmerten Scheiben. Meine Eltern waren im Geschäft. Die Menschen gafften und sagten nichts. Man erkannte mich und machte mir Platz, damit ich durchkam. Mein Vater war die Ruhe selbst. Er schickte mich zu Taggesell, dem Fleischer nebenan und gab mir Geld, damit ich dort nach Herzenslust Wiener Würstchen verspeisen konnte. Damit war ich aus dem Weg. Am Abend fuhr ich mit Weiners, vom Geschäft gegenüber, nach Dresden. Das Weinersche Geschäft war auch zerstört."[181]

Der Rektor
der Knabenvolksschule
Pirna a. E.
Fernruf: Stadtrat Pirna 3251

Den 10. Nov. 19 38.

Herrn
Kaufmann J u r m a n n
P i r n a .

Um Unannehmlichkeiten vorzubeugen wird Ihr
Sohn   E s r a mit Wirkung vom heutigen Tage an beurlaubt
bis zur Überführung an die jüdische Schule in Dresden.

Schulverweisung Esra Jurmann

Ursula Wellemin, geb. Heß, teilt mit:

„Es wurde uns gesagt, daß... sich ein Pöbel an dem Pirnaer Markt versammelte und daß die Versammelten von Reden gegen uns angespornt wurden. Diese Menge von Leuten bestand hauptsächlich aus einem Kontingent von SA. Diese kamen aus der Stadt Wehlen, wo wir ganz

Familie Manfred Heß (an der Ostsee), 1928

Die Schwestern Luise und Ursula Heß

unbekannt waren (d.h. sie wurden aus Wehlen geschickt). Später an dem Tag (nachdem mein Vater abgeholt worden war) stürmte der Pöbel – mehrere Hundert – unser Haus, Postweg 64, nachdem sie Ziegelsteine durch das Fenster geworfen hatten. Sie machten viel Schaden (Flügel, Bilder), schütteten Tinte auf Bettücher etc.

Wir versteckten uns auf der Treppe, die in den Keller und zu den Büros führte und schlossen die Tür zu der Halle im Haus zu (die man nicht gut von der Halle aus sah). Es wurde nicht versucht, die Büros zu stürmen...

Wir flüchteten durch das Büro und den Garten in eine Taxe, die uns nach Dresden zu unserer Großmutter fuhr."[182]

Der „Pirnaer Anzeiger" meldete dazu am Freitag, dem 11. 11.:

„In Pirna machte sich der Zorn gegen die Mordjuden ebenfalls in verschiedenen Aktionen Luft. Unter anderem wurden die Scheiben jüdischer Geschäfte zertrümmert und einige Juden in Schutzhaft genommen. Am Donnerstag fand auf dem Markt eine Kundgebung statt, in der Pg. Hugo Müller scharfe Worte gegen die Juden richtete. Im Anschluß daran zog man vor jüdische Kaufhäuser."

Neben den Konfektionsgeschäften von Jurmann und Weiner waren noch das „Ehape" und das Schuhkaufhaus „Neustadt" in der Breiten Straße betroffen. Die damals schon außerhalb Pirnas wohnhafte Inhaberin dieses Kaufhauses, Frau Tannchen, wandte sich an den Oberbürgermeister Dr. Brunner um Hilfe, aber die Behörden hatten sich aus den Vorgängen herauszuhalten. Polizisten nahmen in den Morgenstunden des 10. zwei tatbeteiligte SA-Leute in Unkenntnis dieser Weisung fest, mußten sie aber bald freilassen.[183]

Weil sie annahmen, daß auch ein Konfektionsgeschäft in der Breiten Straße ein jüdisches Unternehmen sei, zerschlugen SA-Leute dort ebenfalls die Schaufensterscheiben und warfen Teppiche und andere Waren auf die Straße. Beteiligte bedienten sich dabei. Es entstand, wie bei den jüdischen Geschäften, erheblicher Schaden. Es kostete dem Besitzer einige Mühe, den Irrtum auszuräumen.[184]

Obwohl die Naziführung für den 10. November das Ende des „spontanen Volkszorns" verfügte, gab es Ausläufer des Pogroms in Gestalt öffentlicher antisemitischer Handlungen auch noch an nachfolgenden Tagen. So berichtet der „Pirnaer Anzeiger" vom 15./16. 11. von einer öffentlichen Kundgebung in Pirna-Copitz am 14. 11. Ortsgruppenleiter Peukert eröffnete sie und begrüßte als Redner den Leiter des sächsischen Volksbildungsministeriums, „Pg." Göpfert. Weil, was er ausführte und der „Pirnaer Anzeiger" wiedergab, so charakteristisch für die Pogromstimmung und den überschäumenden Judenhaß ist, sollen die wesentlichen Passagen des Redeberichts hier wiedergegeben werden. Göpfert erklärte:

„Wir haben in der Welt nur einen Feind, und das ist der Jude. Mit seiner Haßpropaganda hat uns der Jude unsere Anständigkeit gedankt; man erfand Greuelmärchen; man versuchte uns wirtschaftlich zu ruinieren, und mit den letzten Schüssen wollte er nicht nur die Person, sondern das deutsche Volk treffen. Darauf habe das deutsche Volk auch entsprechend geantwortet. Es kann nur eine einzige Antwort geben: 'Raus mit den Juden aus Deutschland!' Und wenn man ihn raushaben will, muß man ihm seine Geschäfte zumachen.

Die Verordnung des Generalfeldmarschalls Göring als Beauftragter für den Vierjahresplan habe nun gründlich dafür gesorgt. Man muß aber auch dafür Sorge tragen, daß der Jude niemals wieder zurückkommt; man müsse deshalb unsere Jugend wachhalten. Der Redner wand-

te sich dann gegen die, die immer noch Mitleid mit den Juden und kein Verständnis für die Maßnahmen der Regierung haben. Es muß Sorge dafür getragen werden, daß ein Deutscher nie wieder mit einem Juden zusammenkommt."

So weit dieser Auszug.

In den Morgenstunden des 10. 11. wurde der Fabrikbesitzer Manfred Heß verhaftet, am gleichen Tage Bruno Freymann,[185] tags darauf auch der Kaufmann Wolf Jurmann, Obere Burgstraße 6, Alfred Cohn, Schuhgasse 9, und der Arbeiter Ernst Noack, der Hohnstein und eine einjährige Gefängnisstrafe hinter sich hatte. Pirnaer Polizisten brachten sie nach Dresden. Am 12. November überführte man sie, bis auf Freymann, nach Buchenwald.

Was sie dort bei der Ankunft erlebten, ist in folgender Schilderung überliefert:

„Zum 9. November 1938 wurden durch die sogenannte Rath-Aktion über 12 000 jüdische Häftlinge ins Lager eingeliefert. Bei ihrem Einmarsch stand die SS, mit Knüppeln und Peitschen bewaffnet, an der Straße von Weimar Spalier, so daß nur ganz wenige unverletzt das Lager erreichten.

```
Abschrift.

Sch.-Pol. Dienstabteilung Pirna        Pirna, den 12. November 1938.
         I. Revier
Tgb- A 2T  Nr. T08/38.
                    F u n k s p r u c h !
        Am 12. November 1938, 12³⁵, ging von der Geh. Stapo.
Dresden (Ober-Ass. Petrie) folgender Funkspruch hier ein.
"Sofort festzunehmen sind sämtliche männlichen Juden deutscher
Staatsangehörigkeit im Alter von 18 - 60 Jahren, soweit sie
gesund sind. Diese sind am 12.11.1938 bis 15⁰ in Dresden,
Gefangenanstalt II, einzuliefern.
        Eine Liste mit den Personalien der Festgenommenen ist
gleichzeitig an die Gestapo., Zimmer 68, abzugeben."
             Aufgenommen durch Hptw. Hauffe.

                  F e s t n a h m e n !
        Auf Grund vorstehenden Funkspruches wurden am 12.11.1938,
gegen 12 ⁵⁵, folgende Juden festgenommen.
  1.) J u r m a n n , Vornamen: Abraham Wolf, Kaufmann, geb.
      am 5.7.1898 in Chliwestie, wohnhaft in Pirna, Obere Burg-
      straße Nr. 6, Deutscher.
  2.) C o h n , Vornamen: Alfred, Kaufmann, geb. am 16.5.1886
      in Pirna, wohnhaft in Pirna, Schuhgasse Nr. 9, Deutscher.
  3.) N o a c k , Vornamen: Ernst, Arbeiter, geb. am 29.1.1897
      in Landsberg a.W., wohnhaft in Pirna-Copitz, Hauptstr. 28
        Die Genannten wurden am 12.11.1938 von Hptw. Müller,
gegen 14³⁰, in Dresden, Untersuchungsgefängnis, abgeliefert.

        Eine Quittung über die erfolgte Einlieferung wird dem
Vorgang beigefügt.

Hierzu: 1 Quittung.

Ges. (gez.) Hänsel,                     (gez.) Sandmann,
Polizeiobermeister.                     Polizeihauptwachtmeister.

            (gez.) B.    (gez.) Ta.
```

Festnahmen am 12. 11. 1938

Die von blutigen Gepäck- und Kleidungsstücken bedeckte Straße, auf der zahlreiche Verwundete lagen, glich einem Schlachtfeld ... Siebzig jüdische Häftlinge wurden infolge der furchtbaren Quälereien wahnsinnig. Man warf sie vorläufig in einen Holzverschlag. Von dort wurden sie nach einiger Zeit gruppenweise in den Bunker überführt und von SS-Oberscharführer Sommer erschlagen."[186]

Nach diesem Empfangsschock mußten sie vorerst auf dem Appellplatz stehen, weil die für die Juden dieser Aktion bestimmten Baracken noch nicht fertig waren. In aller Hast wurden notdürftig fünf Schuppen zurechtgezimmert, in denen man je 2000 hineinpferchte. So entstand ein besonders eingezäuntes spezielles Judenlager. Wie diese „Unterkünfte" gefertigt wurden und ausgestattet waren, vermittelt der Bericht eines Betroffenen:

„In unbeschreiblichem Tempo mußten diese aufgestellt werden. Obwohl wir an Unmensch-liches gewöhnt waren, wollten wir zuerst nicht glauben, daß sie zur Unterbringung von Men-schen vorgesehen waren. Zunächst errichteten wir Wände, rammten Pfosten ein, die mit Brettern verschalt wurden. Es gab weder Fenster noch Türen. Nur in der Mitte war ein nach jeder Seite offener Durchgang, ähnlich einer Remise, in der Waren gelagert oder höchstens Tiere für kurze Zeit hätten untergebracht werden können. Dann begann der Ausbau, und damit wurde auch die Ungeheuerlichkeit sichtbar:

In diesen Baracken sollten Menschen eingepfercht werden. Im Innern wurden wiederum Pfosten aufgestellt und diese mit Latten verbunden. In Abständen von 60 bis 70 Zentimeter übereinander spannten wir Maschendraht. Das wurden die Lagerstätten für die Häftlinge. Nur kriechend konnte ein Mensch auf diese Lagerstätte gelangen. Das war besonders qualvoll, weil nur schmale Gänge zwischen den Reihen der sogenannten Schlafstätten den Zugang er-möglichten. Es gab in diesen Baracken weder Fenster noch andere Lüftungsmöglichkeiten. Es gab weder eine Waschgelegenheit noch die Möglichkeit, Kleider unterzubringen. Die dünnen Bretterwände boten kaum Schutz vor Witterungsunbilden. Bei warmem Wetter war es drückend heiß, bei Frost unerträglich kalt, weil keine Möglichkeit bestand, diese 'Räume' zu heizen."[187]

Im Sonderlager ermangelte es jeglicher hygienischer Bedingungen. Pro Häftling stand im ge-samten Lagerbereich pro Tag 1/4 l Wasser zur Verfügung. Massenhafte Durchfallerkran-kungen, bei eintretendem Frost im Dezember Erfrierungen, schließlich sogar Paratyphusfälle selbst bei der SS zerrütteten die Gesundheit vieler und ließen die Zahl der Todesfälle im Sonderlager bis zum 9. 12. auf 163 ansteigen. Erst danach veranlaßte die Furcht vor Epidemien die SS, unumgängliche hygienische und medizinische Vorkehrungen zu treffen.

Hilfe wurde den ins Sonderlager Eingelieferten nur durch politische Häftlinge zuteil, für die medizinische Betreuung sorgten Ärzte und Helfer aus den eigenen Reihen.

Ständiger unberechenbarer Terror durch die SS, stundenlanges Stehen und Sitzen auf dem Appellplatz, „Freiübungen" und vielgestaltige Schikanen, Hunger und Wassermangel prägten die Tage im Sonderlager.

Der Zweck dieser Lagerhaft enthüllt sich durch jene Ankündigung, die schon in den ersten Lagertagen über Lautsprecher erging:
„Alle Judenvögel herhören! Erstens: Ihr bleibt solange hier, bis ihr eure Geschäfte, Fabriken und Häuser verkauft habt und beweisen könnt, daß ihr schleunigst auswandern werdet. Zweitens: Durch eure Schuld ist dem deutschen Volk großer Schaden entstanden. Ihr seid ver-antwortlich für die Zerstörungen in den deutschen Städten. Deshalb wird angeordnet: Die Versicherungsbeiträge für eure Wohnungen und Geschäfte erhaltet nicht ihr, sondern das deutsche Volk.[188] *Drittens: Eure Frechheit muß bestraft werden. Deshalb wird den Juden in Deutschland eine Konventionalbuße auferlegt. Sie beträgt eine Milliarde Reichsmark."*[189]

Geld und Wertsachen mußten abgeliefert werden. Die SS, von der Lagerführung bis zur Bewachungsmannschaft, bereicherte sich maßlos. Auch dafür mußte sich der Lager-kommandant Karl Koch später in einem Korruptionsverfahren verantworten.

Schon 10 Tage nach der „Rath-Aktion" begannen die Entlassungen, vorzugsweise jener, die sich zum „Verkauf" ihres Eigentums und zur Ausreise aus Deutschland verpflichteten und das auch nachweisen konnten. Wer entlassen wurde, mußte über die Vorgänge im Lager zu schweigen geloben und erklären, daß ihm weder Geld noch Wertgegenstände abgenommen worden waren.

Am 1. Januar 1939 betrug die Zahl der Inhaftierten nur noch 1605, Anfang Februar war es geräumt und wurde dann abgerissen.[190]

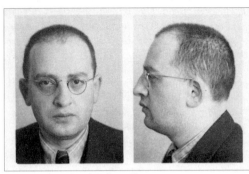

A. W. Jurmann, 1939 nach Buchenwald

Den jüdischen Kaufleuten wurde aufgetragen, die an ihren Geschäften entstandenen Schäden auf eigene Kosten unverzüglich zu beheben. Gipfel der Infamie: Noch am 2. Dezember schrieb der Pirnaer Oberbürgermeister Dr. Brunner an „Wolf Jurmann, zur Zeit Konzentrationslager Buchenwald bei Weimar":

„...*Auf Grund dieser gesetzlichen Vorschriften fordere ich Sie hiermit auf, die an ihrem hiesigen Geschäft Schössergasse 1, Markt 14 entstandenen Schäden nunmehr sofort zu beseitigen. Sollten Sie dieser Anordnung nicht nachkommen, werde ich mit Zwangsmaßnahmen (!) gegen Sie vorgehen.*"

Am 22. 11. ergriff der Kreisleiter Elsner in einer Versammlung der NSDAP-Ortsgruppe Heidenau „das Wort zu einer scharfen Abrechnung mit dem Judentum und seinen heimlichen Freunden sowie denjenigen, die die deutsche Einheit angreifen." „Schluß mit der Gutmütigkeit gegen dieses Parasitenvolk, das Deutschland schon einmal ins Unglück gestoßen hat", forderte er. Mitleidige „sollen sich nicht aufregen über Maßnahmen, die zum Schutze des deutschen Volkes notwendig sind." ... „Schon Luther hat gegen ‚Juden und ihre Lügen' gestritten." ... „Wenn in Deutschland jemand nur ein Wort für die Juden übrig hat, dann ist er kein Deutscher."[191]

Der hier beschworenen „deutschen Einheit" waren sich die braunen Herrscher anscheinend doch nicht so gewiß. Der Verweis auf Mitleidige deutet immerhin an, daß sich die Pogromtäter der, wenn auch stillschweigenden, Mißbilligung eines Teils der Bevölkerung bewußt waren.

Der Oberbürgermeister der Stadt Pirna a. E.
-Polizeiamt-

Geschäftszeichen:
......II a.
Bei Antwort bitte angeben.

Pirna a. Elbe, am 2. Dez. 1938.
Fernsprecher: Amt Pirna 3251 — Girokonto: Girozentrale Sachsen
Zweiganstalt Pirna Nr. 5 — Postscheckkonto: Dresden 30483

Herrn

Abraham Wolf Jurmann,
Kaufmann,

z.Zt. Konzentrationslager
Buchenwald
bei Weimar.

Mit Postzustellungsurkunde:

Nach §§ 1 und 2 der Verordnung zur Wiederherstellung des Straßenbildes bei jüdischen Gewerbebetrieben vom 12.11.38 sind alle Schäden, die durch die Empörung des Volkes über die Hetze des internationalen Judentums gegen das nationalsozialistische Deutschland am 8., 9. und 10. November 1938 an jüdischen Gewerbebetrieben und Wohnungen entstanden sind, von dem jüdischen Inhaber oder jüdischen Gewerbetreibenden sofort zu beseitigen. Die Kosten der Wiederherstellung trägt der Inhaber der betroffenen jüdischen Gewerbebetriebe und Wohnungen.

Auf Grund dieser gesetzlichen Vorschriften fordere ich Sie hiermit auf, die an Ihrem hiesigen Geschäft Schössergasse 1 / Markt 14 entstandenen Schäden nunmehr sofort zu beseitigen.

Sollten Sie dieser Anordnung nicht nachkommen, so werde ich mit Zwangsmaßnahmen gegen Sie vorgehen.

Oberbürgermeister von Pirna an den Buchenwaldhäftling Jurmann

Nach Juden geforscht wird auch in der **Anstalt Sonnenstein**.

Auf die Anfrage des Pirnaer Oberbürgermeisters benennt die Anstaltsleitung drei jüdische Patienten, davon zwei deutscher und einer englischer Staatsangehörigkeit.[192] Die Erkundigung nach den Vermögensverhältnissen ergibt, daß für Otto S. und Kurt P., die beiden Deutschen, da sie kein Vermögen haben, die Kosten vom Landesfürsorgeverband getragen werden.

Für Arno A. und Otto S. wären noch keine Vormünder bestellt, „weil es sich um Juden hande, die niemand vertreten wolle." Für Otto S., dessen Anwesenheit in der Anstalt noch bis zum Sommer verbürgt ist, verpflichtet man schließlich Heinrich Israel Jordan aus Dresden. Dem wird sofort bedeutet, er habe für S. die notwendige Namensergänzung „Israel" zu beantragen. Otto S. wurde „am 27. 8. 1939 nach Arnsdorf zur Abmeldung gebracht."[193] Das weitere Schicksal dieser drei liegt im Dunkeln. Wurden auch sie 1940/41 wieder in ihre einstige Anstalt, Vernichtungsstätte im Euthanasie-Programm, auf ihren letzten Weg gebracht?

Am 10. November werden die letzten jüdischen Schüler aus den Pirnaer Schulen verwiesen.[194]

Den theologischen Begleittext zum Novemberpogrom liefert in Pirna der Superintendent der evangelischen Kirche Leichte, der über die Presse zu Veranstaltungen aufruft. Eingeladen hat er den Prof. der Theologie Dr. Wolf Meyer-Erlach, Jena, Rektor der Schiller-Universität. In „Gottesfeiern" der „Markgemeinde Pirna der ‚Deutschen Christen' (Nationalkirchliche Einung)" spricht der über „Wende des Glaubens" und in den Nachversammlungen über das Thema „Luther und die Juden"; und zwar in Königstein am 11. 11., Heidenau am 12. 11., und in Pirna am 13. 11. Die Nachversammlung in Pirna findet im Feldschlößchen statt.[195]

Wir gehen sicher nicht fehl in der Annahme, daß er weniger Luthers Schrift von 1523, „Daß Christus ein geborener Jude sei", in den Mittelpunkt seiner Auslassungen stellte, sondern vielmehr jene üble, in geradezu Pogromempfehlungen mündende von 1543: „Von den Juden und ihren Lügen". Dort erteilt Luther solch schockierende Ratschläge, die Synagogen und Schulen der Juden anzubrennen, ihre Häuser zu zerstören, ihnen die Freizügigkeit zu nehmen, gleichfalls alle Barschaft, Silber und Gold und sie aus dem Lande zu treiben.[196]

Im Januar 1939 ist Meyer-Erlach wiederum zur Stelle. Nachdem er bereits am 6. 1. in Bad Schandau und am 7. 1. in der Christusgemeinde in Heidenau aufgetreten war, spricht er am Abend des 8. 1. in der Pirnaer Marienkirche zum Thema „Luther und die Juden".[197]

Am 27. 2. 1939 erfolgt per Gesetz des Landeskirchenrats der Ausschluß von Juden aus der Evangelischen Kirche Sachsens.[198]

Im Herbst 1941 verfügt die Kirchenleitung Sachsens, an den Kirchen Tafeln mit der Aufschrift anzubringen: „Trägern des Judensterns ist der Zutritt verboten." Dem folgt am 17. 12. 1941 die Bekanntmachung über die kirchliche Stellung evangelischer Juden. Nach ihr ist „jegliche Gemeinschaft mit Judenchristen aufgehoben...Rassejüdische Christen haben in einer deutschen Evangelischen Kirche keinen Raum und kein Recht."[199]

Vertreibung

Nach solcherart Erleben wird der Drang, dieses Land zu fliehen, mehr als verständlich. Binnen weniger Wochen verlassen fast alle jüdischen Einwohner die Stadt oder werden hinausgedrängt.

Frau Sophie oder richtiger **Schifra Engler** gerät seit Frühjahr 1933 immer stärker unter Druck mit ihren Paßangelegenheiten. 1907 waren Englers aus der Bukowina als österreichische Staatsbürger nach Deutschland gekommen. Nach dem 1. Weltkrieg gehörte ihr Ursprungsland zu Rumänien. Dessen Staatsbürgerschaft mußte erst erworben werden.

In Sachsen war selbst in der Weimarer Republik der Erwerb der Staatsbürgerschaft für „Ostjuden" erschwert. Vorausgesetzt war 30-jährige Ansässigkeit. Die hätte Frau Engler 1937 erreicht, aber nun waren die Nazis darauf aus, alle Juden, erst recht jene ohne deutsche Staatsbürgerschaft, aus Deutschland hinauszudrängen.

Viele Schriftstücke durchlaufen die Instanzen, ehe sich das rumänische Konsulat in Leipzig endlich für Englers zuständig erklärt. Jede halbjährlich zu beantragende Paßverlängerung muß aber erkämpft werden und kostet Geld, das Frau Engler allein nicht aufbringen kann. Wie diese Frau, deren Ehemann 1923 verstorben war, sich und ihre drei Mädchen bei schlechtem Geschäftsgang überhaupt durchbringen konnte, ist schier unverständlich.

Zunehmende Bedrängnis, laufende Paßprobleme, die Unmöglichkeit des Rückzugs in Anonymität, die in einer kleinen Stadt wie Pirna kaum gegeben war, in der zunehmend ein Klima des Antisemitismus von ihm Betroffene lähmte, all das nährt den Wunsch, möglichst bald auszureisen.

Zum 31. Mai 1938 stellt Schifra Engler ihre Geschäftstätigkeit ein und ersucht um Ausreise. Die örtliche Polizei muß dazu Stellung nehmen. Sie erhebt keine Einwände, zumal, wie es heißt,

Schülerinnen der Höheren Mädchenschule Pirna, 1930. 3. von links: Ilse Engler

„die Engler, weil sie Jüdin ist, als politisch unzuverlässig bezeichnet werden muß... Da sie aber Jüdin ist, keinen Erwerb nachweisen kann und der öffentlichen Fürsorge zur Last fällt, kann die Ausstellung eines Wiedereinreisevermerks von hier aus nicht befürwortet werden."

Schätze haben die Englers in über dreißigjährigem Aufenthalt in Deutschland nicht erringen können, nicht einmal bescheidensten Wohlstand.

Nun will Frau Engler nicht nur, sie muß Deutschland verlassen – als nicht der deutschen Staatsbürgerschaft teilhaftige „Ostjüdin". Am 22. September 1938 wird ihr die Auflage erteilt, bis zum 15. Januar 1939 aus dem Lande zu gehen. Aber am Jahresende 1938 besitzt sie immer noch keine Einreiseerlaubnis nach Rumänien.

Da wird die Abschiebung in die Wege geleitet. Die Pirnaer Behörden handeln bis Mitte Februar in einem mehrteiligen Briefwechsel schließlich den Polizeiposten Lobositz als Abschiebestelle aus. Frau Engler aber hat die Stadt am 10. Februar 1939 bereits verlassen. Sie ist zu ihrer Tochter Marie nach Dresden gegangen, mit deren Familie, gleichfalls von der Ausweisung betroffen, sie in der Nacht vom 15. zum 16. Februar Deutschland in Richtung Polen verläßt. Oberbürgermeister Dr. Brunner spricht am 14. 2. 1939 das Aufenthaltsverbot aus, das die offizielle Reichsverweisung zur Folge hat.[200]

In Sicherheit waren Frau Engler, ihre Töchter und deren Familien keinesfalls. Nach Kriegsbeginn kommen sie in Südostpolen unter sowjetische Herrschaft, aber schon im Juli 1941, nach dem Überfall Hitlerdeutschlands auf die Sowjetunion, ereilt sie die nun zur Ausrottungspolitik eskalierende Judenverfolgung der Nazis. Schifra Engler, ihre Tochter Anna, deren Ehemann Hersch Rinner und ihr Sohn Joachim fallen Erschießungskommandos der SS zum Opfer. Marie, deren Ehemann und weitere Anverwandte kommen im Warschauer Ghetto um.[201]

Frau Engler ging also nicht in ihre ursprüngliche Heimat nach Rumänien zurück, sondern blieb bei Verwandten in

Der Oberbürgermeister   Pirna, am 16. Juni 1938.
  - Schutzpolizei -
Tgb. P 3 Nr. 841/38.

Betr.: Ausstellung eines Wiedereinreisesichtvermerkes für die Händlerin E n g h l e r geb. Alpern, Vorname: Schifra, wohnhaft in Pirna, Albertstraße 1b.

    Die Händlerin E n g h l e r geb. Alpern, Vorname: Schifra, geboren am 27. August 1876 in Russisch-Banilla, wohnhaft in Pirna, Albertstraße 1b, rumänische Jüdin, mosaischen Glaubens, verwitwet, ist am 20.6.1907 von Russ.-Banilla kommend erstmalig in Pirna zugezogen und hat bis zum 31.5.1938 den Handel mit Monatsgaroben (Trödler) betrieben. Den Laden hat ab 1.6.1938 der Radiohändler Paul Schuster, Pirna, Albertstraße 6b, gemietet. Eine Abfindungssumme hat die Enghler dafür nicht erhalten. Lediglich für ihre Ladeneinrichtung soll sie 100.—RM bekommen. Besitzer dieses Hausgrundstückes ist der Dr. med. Georg Jacob, Pirna, Albertstraße 1b.

    In politischer und spionagepolizeilicher Hinsicht ist die Enghler hier nachteilig nicht in Erscheinung getreten. Obwohl sie hier in dieser Hinsicht keine Vorgänge hat, muß sie, weil sie Jüdin ist, als politisch unzuverlässig bezeichnet werden.

    Gegen die Ausreise der Enghler bestehen von hier keine Bedenken. Da sie aber Jüdin ist, keinen Erwerb nachweisen kann und der öffentlichen Fürsorge zur Last fällt, kann die Ausstellung eines Wiedereinreisesichtvermerkes von hier aus nicht befürwortet werden.

Des: (gez.) Künzel,   (gez.) Kubil.,

Polizei-Obermeister. _____ Polizei-Hauptwachtmeister.
             B e s c h l u ß
            vom 18.6.1938.
   U.R.   dem P o l i z e i a m t
    unter Bezugnahme auf die VO. d. Geh.Staatspolizei -
    Geh.Staatspol.-Amt Berlin vom 17.12.1936 II 1 B 2 -
    Allgem. 171 E - zur Kenntnis vorzulegen.
          (gez.) I.A.
                 Rothe, V.-I.

Wiedereinreisesichtvermerk Engler

Südostpolen. Aber auch in Rumänien wäre sie mit Sicherheit in die Mühlen der faschistischen „Endlösung" geraten. Bereits zwischen September und November 1941 lief die Abschiebung aus der rumänischen Bukowina in die Vernichtungslager am Dnjestr – in Übereinstimmung zwischen dem Hitlerregime und der rumänischen Militärdiktatur unter Antonescu. Von den einst 185 000 jüdischen Menschen in diesem Gebiet blieben bis zum 20. 5. 1942 noch 14 000 am Leben. Auch sie sind den unmenschlichen Verhältnissen in den Lagern fast vollständig zum Opfer gefallen.[202]

Ilse Fischer, geb. Engler und ihrem Manne gelingt es unterzutauchen und sich Ausweispapiere für „Volksdeutsche" zu verschaffen. Ilse bringt in diesen erregenden, mörderischen Tagen am 20. August 1941 ihre Tochter Renate zur Welt. Sie hat dabei unverhofftes Glück: Ein humaner deutscher Offizier, der ihre Identität zumindest ahnt, bringt sie ins Krankenhaus und hilft ihr und ihrem Mann auch weiter. Erfreuen kann sich Ilse Fischer an ihrer kleinen Tochter

4.Februar 1939.
/6.

-Polizeiamt-

II a   An

den Grenzpolizeiposten

E . l t !

in L o b o s i t z ,
Bez. Aussig /Sudetengau.

B(r.: Abschiebung einer rumänischen Jüdin.

Die in Pirna, Albertstraße 1[b], wohnende rumänische
Jüdin

Schifra E n g l e r geb. Alpern,
- geb. am 27. 8. 1876 in Ruß.Banilla -

ist auf Anordnung des Sächsischen Ministers des Innern
auf Grund der Verordnung des Reichsführers ♯ und Chefs
der Deutschen Polizei im Reichsministerium des Innern vom
11.5.1938 - S.-V. 7 Nr. 765/38 - 509 - 29 - zwangsweise
aus dem Reichsgebiete zu entfernen. Die Engler ist im Besitze eines bis 22. Februar 1939 gültigen rumänischen Pas-
ses. Die für die Abschiebung über eine amtlich zugelassene
Grenzübergangsstelle noch erforderlichen Papiere, insbesondere
der angeblich erforderliche Einreisesichtvermerk der zuständigen rumänischen Behörde, haben bis jetzt nicht beschafft
werden können. Sie können auch in der kurzen Zeit bis zum
Ablauf der Paßgültigkeit nicht beschafft werden. Es kann
demnach nur eine Abschiebung über die sogenannte grüne Grenze nach der Tschechoslowakei erfolgen (Ziffer 22 zu § 7 der
Dienstanweisung für die Ausländer-Polizei-Verordnung vom
22.8.38).

Nach Mitteilung des Regierungspräsidenten zu Aussig
vom 1.ds.Mts. kommt als Grenzausgangsstelle für die Abschiebung nach der Tschechoslowakei der Grenzpolizeiposten Lobositz in Frage. Ich bitte deshalb um recht baldige Mitteilung, ob und gegebenenfalls wann die Abschiebung der Genannten über die grüne Grenze dort möglich ist. Ich werde so-
lann sofort den Zeitpunkt der Zuführung nach dort mitteilen.
Die Abschiebung muß umgehend erfolgen, da die Gültigkeit des
'asses am 22.ds.Mts. erlischt.

C.No.15949/34/ E.

E I L T S E H R !!!!!!!
-.-.-.-.-.-.-.-.-.-.-.-.-.-.-.-

Eingegangen am
1 7 FEB. 1939 Vm.
Pol.-Präsidium Dresden

CONSULATUL GENERAL AL ROMÂNIEI
BERLIN W 35, Hansemannstrasse 4

den 16.Februar 1939.

    Das Kgl.Rumänische Generalkonsulat beehrt sich das Löbl. Polizeipräsidium zu Dresden/Fremdenamt hiermit höfl. zu bitten, für die in Dresden ,Christianstr.No.32, wohnhafte rumänische Staatsangehörige, Frau Schiffre E n g l e r die Abzugsfrist auf weitere 3 Monate zu verlängern, da es für Obgenannte die schon recht betagt ist unmöglich ist innerhalb der kurzen Frist Dresden so schnell zu verlassen.-

    Für eine wohlwollende und umgehende Erledigung spricht das Kgl. Rumänische Generalkonsulat dem Löbl. Polizei-Präsidium/Fremdenamt zu Dresden im Voraus seinen verbindlichsten Dank aus.-

        Der Kgl. Rumänische Generalkonsul:

An das

    Löbl. Polizeipräsidium
      Fremdenamt

      D R E S D E N.
    -.-.-.-.-.-.-.-.-.-.-.-

Rumänisches Generalkonsulat für S. Engler

nicht lange. Die ständige Gefahr, als Jüdin identifiziert zu werden und in die Tötungsmaschinerie zu geraten, drängt nach Rettung des Kindes. Es wird einer Polin anvertraut; aus der kleinen Renate wird Renia Tarsonska. Sie kommt in die Obhut des katholischen Felicianerordens, in dessen Kloster sie den Krieg überlebt.

Im Oktober/November 1942 setzen Ilse Fischer und ihr Ehemann Arno ihre Odyssee fort, die hier im einzelnen zu schildern zu weit führte. Nur die Stationen seien angedeutet: Unterschlupf bei der „Organisation Todt" im Raum Rostow am Don als „hilfswillige Volksdeutsche", dann nach Odessa, wo Ilse als Schreibhilfe in einem Frontlazarett Unterschlupf findet, aber von ihrem Mann getrennt wird, der mit seiner Dienststelle weiter muß; schließlich Lazarettverlegung und Flucht ins Rumänische, Befreiung, aber erneute Gefährdung, da kurzzeitig der Spionage verdächtigt. Endlich, auf vielen Um- und Nebenwegen, gelangt Ilse Fischer nach Lublin, wo sie ihre Tochter findet und bald auch ihren Mann. Es grenzt schon an eine Reihe von Wundern, daß diese überlebt haben, dank vieler helfender Menschen, die sich in dieser mörderischen Zeit ihr Menschsein erhielten, aber dank auch ihres unbändigen Lebenswillens, der diese jüdische Kleinfamilie bedingungslos füreinander einstehen ließ.[203]

Wenden wir uns einem anderen Schicksal zu, dem der **Familie Jurmann**. Nach Geschäftsaufgabe Ende 1938, der Liquidation der Warenbestände, Einrichtungen und Finanzen unter der Regie des dazu bestellten Rechtsanwalts J. wird Wolf Jurmann am 14. Januar 1939 aus der „Schutzhaft" in Buchenwald entlassen.

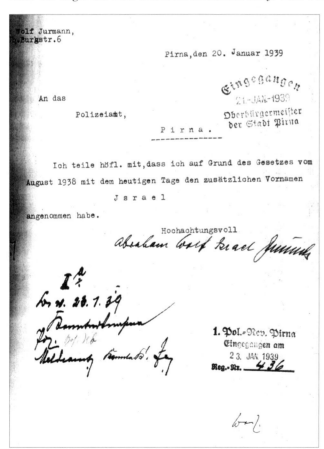

Namenserklärung Jurmann

Aber in Pirna können Jurmanns nicht bleiben. Nazipartei und Behörden frönen dem Ehrgeiz, die Stadt möglichst rasch „judenfrei" zu machen.

So wickelt Wolf Jurmann alles Notwendige überhastet ab. Die persönlichen Namenserklärungen (Zusätze Israel bzw. Sara) gibt er für sich, seine Ehefrau und seinen Sohn Manfred am 20. 1. 1939 ab. Am 28. 1. zieht die Familie nach Dresden.[204]

In verzweifelter Suche nach einem aufnehmenden Land gehen Briefe nach Brasilien, Mexiko, Guatemala, in die USA, nach England usw. Im August 1939 reist Wolf Jurmann schließlich nach England, um dort für die Seinen den Boden zu bereiten. Da kommt aber am 1. September 1939 der Kriegsausbruch.

Die Familie sitzt in Dresden gefangen, ihr Oberhaupt sitzt in London fest – keine Verbindung zwischen ihnen ist während des Krieges möglich.

Wie alle anderen Dresdner Juden erleben auch Frau Jurmann und ihre Söhne jenes Ereignis, das Victor Klemperer so beschreibt:

„Ich frage mich heute wieder, was ich mich, was ich die verschiedensten anderen schon Hunderte von Malen gefragt habe: welches war der schwerste Tag der Juden in den zwölf Höllenjahren? Nie habe ich von mir, nie von anderen eine andere Antwort erhalten als diese: der 19. September 1941. Von da an war der Judenstern zu tragen, der sechszackige Davidsstern, der Lappen in der gelben Farbe, der heute noch Pest und Quarantäne bedeutet, und die im Mittelalter die Kennfarbe der Juden war, die Farbe des Neides und der ins Blut getretenen Galle, die Farbe des zu meidenden Bösen; der gelbe Lappen mit dem schwarzen Aufdruck „Jude“, das Wort umrahmt von den Linien der ineinandergeschobenen Dreiecke, das Wort aus dicken Buchstaben gebildet, die in ihrer Isoliertheit und in der breiten Überbetontheit ihrer Horizontalen hebräische Schriftzeichen vortäuschen.“[205]

Wo sie sich außerhalb ihrer vier Wände auch immer aufhalten, stets stehen sie am Pranger, der straflosen Willkür ausgesetzt. Vier Monate nach diesem Tag, am 20. Januar 1942, beginnt, wie für viele andere Dresdner Juden, der schreckliche Leidensweg einem nächsten Höhepunkt zuzustreben. In eisiger Kälte werden sie im Evakuierungstransport in die Ghettos und Konzentrationslager des Ostens verfrachtet.[206] Frau Jurmann und ihre beiden Söhne gelangen ins Ghetto von Riga. Die SS hat für sie Platz geschaffen, indem sie dort vordem untergebrachte lettische Juden erschlug oder erschoß. Deren Blut färbte immer noch bei Ankunft der Dresdner die Straßen, die Fußböden und umherliegenden Kleidungsstücke in den Wohnungen. Sehr detailliert beschreibt Esra Jurmann Lebensweise und Lebensorganisation im Ghetto, die Arbeitsverhältnisse, die Ernährung, die Beziehungen der Bewohner untereinander, geprägt von solidarischem Verhalten aber auch von Korruption in der sich herausbildenden Hierarchie – alles in verzweifeltem Überlebenskampf unter täglicher Todesfurcht.

Die Hölle von Ghetto und KZ überlebte Esra Jurmann. Seine Mutter kam in ihr um. Darüber berichtet Esra Jurmann:

„Meine Mutter wurde auf einer ... Aktion (aus dem Lager Strasdenhof bei Riga) weggeführt und – wie das unter den Nazis üblich war – die Kleider der Ermordeten wurden dann zurückgebracht zum Aussortieren. Das mußten unsere Gefangenen machen, damit wir uns auch keinen Illusionen hingeben konnten, was mit den Leuten eventuell geschehen war. Einen ziemlich ausgefallenen Schal, den meine Mutter getragen hatte, erkannte ich wieder. Ein Mädchen trug ihn um ihren Kopf. Da wußte ich, was ich davon zu halten hatte.“[207]

Seinen Bruder verlor er im Außenlager Burggraben des KZ Stutthof. Von dort gingen bei Annäherung der Front Evakuierungstransporte ab. Bei einem war sein Bruder dabei.

„Ich wurde beordert zurückzubleiben, berichtet Esra, es wurde gesagt, wir würden am Abend diesem Transport folgen. Das ist nie geschehen ... Das ist wahrscheinlich der Grund, warum ich heute noch hier bin. Von dem Transport, der damals wegging, es waren über tausend Leute, gibt es, soweit ich heute weiß, sechs Überlebende. Mein Bruder war nicht dabei.“[208]

Esra gelangte nach seiner Befreiung durch die Truppen der Roten Armee quer durch Europa zu seinem Vater. Er lebt heute in London. 27 seiner Verwandten sind dem faschistischen Völkermord an den Juden zum Opfer gefallen.[209]

Weniger erregend, aber auf seine Weise bezeichnend ist das Schicksal der **Familie Heß**. Die seit 1895 in Pirna bestehende Chemische Fabrik befindet sich in den dreißiger Jahren in der Regie des hier 1898 geborenen Gründersohns Manfred Heß, Vater zweier 1925 (Ursula) und 1930 (Luise Annette) geborener Töchter.

1936: Heß-Villa am Postweg 64   1935: Chem. Fabrik Gustav Heß, Postweg 49

Über das Unternehmen erfahren wir aus einem Aufsatz:

„Eine bekannte Firma des chemischen Geschäftszweiges ist die chemische Fabrik feiner Schwarz- und der wichtigsten Öllacke von Gustav Heß. Kaum ein Telefon oder ein photographischer Apparat und kein Eisernes Kreuz ist ohne Heß-Lack aus den Herstellungswerkstätten herausgegangen. Heß-Lacke haben von jeher dazu beigetragen, den guten Ruf der deutschen (!) Qualitätsarbeit im Auslande zu verbreiten, da selbst Länder mit hochwertiger Lackindustrie wie England und Japan Heß-Lacke in großen Mengen importieren."[210]

Die Fabrik war ein spezialisiertes Kleinunternehmen, wies nie mehr als 40 Arbeitskräfte auf und lag am Postweg 49. Am Postweg 64 befindet sich die Heß-Villa, die bis vor wenigen Jahren als Klubhaus des Kunstseidenwerks genutzt wurde.

Obwohl das Unternehmen wirtschaftlich gut situiert war und auch die Weltwirtschaftskrise relativ unbeschadet überstanden hatte, beginnt Manfred Heß bereits 1936 Möglichkeiten und Bedingungen einer Aussiedlung aus Deutschland zu prüfen. Sofort wittert die Gestapo hier die „Gefahr der Vermögensverschleppung jüdischen Eigentums ins Ausland". Heß hatte in einer anonymen Anzeige in der international beachteten „Farbenzeitung" das Unternehmen zum Tausch angeboten. Alle Regungen in dieser Richtung werden von nun an scharf überwacht und registriert, so z. B. die Einstellung einer Englisch-Lehrerin, und vom Abschluß einer hohen Lebensversicherung im Ausland ist die Rede. Im Sommer 1938 nehmen die Ausreisepläne Gestalt an. Jedoch, so in Ruhe und Ordnung sollte sich der Auszug der Familie Heß aus Deutschland nicht vollziehen lassen.

Anfang Oktober 1938 konfisziert die Polizei bei Heß 3 Jagdgewehre, 2 Ersatzläufe und verschiedene Patronen. Umgehend erhebt er bei der Kreishauptmannschaft Beschwerde. Die wird als unbegründet und kostenpflichtig abgewiesen. Am 9. 11. nimmt die Polizei bei Heß die Beschlagnahme einer Mauserpistole und 25 Schuß mit der Begründung vor, „daß er nicht auf dem Boden der nationalen Regierung steht und für diese somit eine Gefahr bildet." Nachgereicht wird durch den Oberbürgermeister die Aufforderung, auch andere Hieb- und Stichwaffen abzuliefern. Heß übergibt daraufhin zwei private Seitengewehre (Dolche) und 21 Patronen. Er zeigt gleichzeitig noch den Besitz einiger Jagdgewehre an. Er verwahrt sich gegen die Behauptung, daß er sich „staatsfeindlich betätigt habe und durch mich eine Gefährdung der öffentlichen Sicherheit zu befürchten sei."

Er stellt fest: „Sie konfiszieren lediglich, weil ich Jude bin, entschädigungslos meine Eigentumswaffen, mit welchen ich im Kriege für Deutschland und nach dem Kriege im Freikorps Epp gekämpft habe." In der Tat hatte der Einjährigfreiwillige über den Krieg hinaus noch an der militärischen Niederschlagung der Bayrischen Räterepublik teilgenommen. Das allerdings zählt nun nicht mehr. Am 10. 11. wird Manfred Heß in Haft genommen und kommt über Dresden nach Buchenwald. Dort wird er bereits am 29. 11. entlassen. Der Dezember ist durch überstürzt wirkende Auflösung von Betrieb und Hausstand geprägt.[211]

Der Verkauf des Betriebes an die Dresdner Firma Gleitsmann wird

Waffenablieferung Heß

nicht genehmigt, aber ein Neuer steht schon vor der Tür, als Interessent und mit ausdrücklicher Förderung durch den „Kreiswirtschaftsberater" der NSDAP namens Maienhofer: Richard Dreßler aus Stadt Wehlen. Ein Gutachten über das betriebliche und private Gesamtvermögen

wird beigezogen. Wir erhalten daraus Auskünfte über Grundbesitz, Umsätze und Gesamtgewinne über mehrere Jahre hinweg. Der Kaufvertrag kommt am 23. Januar 1939 zustande. Dreßler „erwirbt" den Betrieb und das Anwesen für einen Bruchteil des wirklichen Werts.[212]

Waffeneinzug bei Heß

Geheime Staatspolizei
Staatspolizeileitstelle Dresben
———→ Schu/K.

Beschäftszeichen: II E 1 - 778/38.

In Antwort ist vorstehendes Aktenzeichen unbedingt anzugeben!

Dresben, den 21. Sept. 1938.
~~Wiener Straße 25~~ Bismarckstr.16/18.
~~Fernsprecher 20711, 24001~~
~~XXXXXXXXXXXXX~~ XX44021.

An den

Herrn Oberbürgermeister
-Polizeiamt-

P i r n a .

Eingegangen
23-SEP-1938
Oberbürgermeister
der Stadt Pirna

Das Finanzamt Pirna hat mir mitgeteilt, daß folgende Juden im
Falle ihrer Auswanderung Reichsfluchtsteuer zu entrichten haben:

    1) H e ß , Manfred, Fabrikbesitzer in Pirna, Postweg,
        geb. 13.12.1898 in Pirna - und dessen Ehefrau

    2) H e ß , Gertrud geb. Simson, in Pirna, Postweg.

Diese Personen haben beim Finanzamt Pirna wegen der Reichsfluchtsteuer Sicherheit geleistet.

Ich ersuche, die evtl. Abwanderung dieser Personen zwecks Ver-
meidung von Kapitalverschiebung vertraulich überwachen zu lassen
und über die erfolgte Abwanderung gemäß der Verordnung des Ge-
heimen Staatspolizeiamts Berlin vom 17.12.1936 zu berichten.

Im Auftrage:

[Unterschrift] Haußmann

1. Pol.-Rev. Pirna
Eingegangen am
- 1. OKt 1938
Reg.-Nr. 7602

3. Polizeirevier Pirna, den 5. 10. 1938.

Lange erfreut er sich nicht daran. 1946 wird er als Nazi und Arisierungsgewinnler enteignet.[213]

Manfred Heß hat die Kaufsumme nicht erhalten, denn da fiel die „Reichsfluchtsteuer" an und andere Abgaben, die für solche Fälle ersonnen waren, und was dann noch übrigblieb, mußte auf Sperrkonto deponiert werden. Für „gebrauchtes Umzugsgut", das vorher genau auf seine Gebrauchtheit überprüft wurde, erhält Manfred Heß ein Übersiedlungsattest.

Bevor er übersiedelt, muß er, hinausgedrängt aus Pirna, einen Zwischenaufenthalt bei seiner Mutter in Dresden einlegen. Noch am 21. 7. 1939 fordert er die Herausgabe seines privaten Laboratoriums und von Büchern aus seinem Wohnhaus. Das wird verwehrt. Das Laboratorium bleibt bis 1942 versiegelt als „in amerikanischem Besitz befindlich", woraus folgt, daß man annahm, Heß wäre in die USA gegangen.

Die Familie Heß emigrierte nach England. Dazu schreibt Ursula Wellemin:

„Mein Vater war ein bekannter Chemiker und unsere Fabrik war im Ausland bekannt.

Ein Vetter, der in England Medizin studierte, fand eine Schule für uns Kinder. Wir emigrierten im Juni 1939 mit einer Tante, der Mutter dieses Vetters, aber ohne unsere Eltern, die erst ihren Paß eine Woche vor Kriegsausbruch bekamen und dann glücklicherweise nach England kamen."[214]

Manfred Heß und Gattin 1974

Ernst Noack erreichte mit seiner Ehefrau Palästina und wurde dort nach dem Krieg durch Wolf und Esra Jurmann besucht.[215]

Bruno Freymann verließ am 29. 4. 1939 Pirna mit seiner Ehefrau und seinen Kindern Marion und Heinz Joachim. Sie mußten dem fortgesetztem Druck weichen und erhielten durch die jüdische Gemeinde in Dresden in der Kurfürstenstraße 6 bei der Familie Goldschmidt eine bescheidene Wohnung. Heinz Joachim Freymann berichtet:

Ernst Noack   Ida Noack

(etwa Anfang 1939, nach Entlassung aus Buchenwald)

„Da meine Mutter Christin, oder wie es damals so schön hieß, Arierin war, lebten meine Eltern in einer sogenannten privilegierten Ehe, was uns aber nicht vor weiteren Wohnungs-durchsuchungen seitens der Gestapo bewahrte. Mein Vater durfte sich nicht außerhalb der Stadtgrenzen Dresdens aufhalten und durfte von 19 Uhr abends bis 7 Uhr morgens die Wohnung nicht verlassen, was in unregelmäßigen Abständen von der Polizei kontrolliert wurde. Außerdem bekam er während der Lebensmittelbewirtschaftung im Kriege weder Fleisch- noch Tabakmarken und war von allen Sonderzuteilungen ausgeschlossen. Als die großen Deportationen nach Osten begannen, gab es für uns erneut erhebliche Probleme, als man versuchte, meinem Vater die deutsche Staatsbürgerschaft abzuerkennen, um ihn eben-falls abschieben zu können. In einem langwierigen Verfahren konnte das aber verhindert werden. So hat mein Vater zwar den Nationalsozialismus überstanden, starb aber Anfang 1946 als seelisch und körperlich gebrochener Mann, der sich nicht mehr erholen konnte."[216]

Wie Victor Klemperer war Bruno Freymann 1943 zur Arbeit in der Firma Willy Schlüter in der Wormser Straße 30c in Dresden zwangsverpflichtet. Tee wurde dort abgewogen und in Tüten verpackt. In Klemperers Tagebüchern begegnet uns Freymann an zwei Stellen:

Radiohören war den Juden dort wie überall verboten, aber eines Tages kam eine Arbeiterin, die das Radio anstellte. Es „spielte etwas Klassisches, mir Unbekanntes. Der Mann mit der vier-tel Sehkraft und der halben Lunge und der viertel Hörstärke und der flüsternden Stimme, die Ruine Freymann neben mir, flüsterte: 'Beethoven ist doch das Schönste.' Ich stimmte ihm bei."

Klemperer notierte Angaben zu jenen, mit denen er arbeitete:

„Freymann, die zartfühlende Ruine mit den wissenschaftlichen Interessen, vordem Filialleiter von Messow und Waldschmidt..., jammervoll sterbender Fünfziger, als dauernd d. u. (dien-stunfähig) ausgeschieden."[217]

Kennkarte Bruno Freymanns mit dem Kennzeichen „J"

links:
1943. Bruno Freymann mit
Ehefrau Elisabeth und den
Kindern Marion und Heinz
Joachim

rechts:
Bruno Freymann, 63jährig,
kurz vor seinem Tod, 1946

Bruno Freymann dürfte das gleiche erlebt haben wie Victor Klemperer, von dem wir erfahren, daß am 16. Februar 1945 als letzter Schritt der Judenverfolgung in Dresden die „Mischehen" getrennt werden sollten.

Die letzten etwa 70 überlebenden Dresdner „Sternträger" erhielten Order zum Transport in den sicheren Tod. Der Untergang Dresdens am 13. Februar bedeutete also für Klemperer, Freymann und die anderen die Rettung. Das „Judenhaus" in der Zeughausstraße stand nach wenigen Minuten in Flammen. Da riß Klemperer den Stern herunter und entkam den Häschern.[218]

Marion und Heinz Joachim Freymann
im Sommer 1996 in Hannover

Wie bereits vermerkt, verstarb **Adolf Kaminsky** 1935, seine Ehefrau verzog nach Berlin.

Fast vier Jahre nach ihrem Wegzug aus Pirna muß sich Frau Rosalie Kaminsky doch noch einmal an die hiesigen Behörden wenden. Sie will Deutschland verlassen und zu ihrem Sohn nach Argentinien auswandern. Dazu benötigt sie eine Geburtsschein-Abschrift für ihren in Pirna 1898 geborenen Sohn Walter. Die beantragt sie nun.

Ihre Ausstellung lehnt das Pirnaer Standesamt ab, und zwar mit der Begründung, Walter Kaminsky habe „sich nach Auskunft der politischen Polizei im Ausland deutschfeindlich betätigt." Daran schließt sich ein Schriftwechsel, der von der Argumentation her aufschlußreich ist, der aber auch belegt, unter welchen finanziellen Bedingungen Ausreisen von Juden aus Deutschland erfolgten.

Der von Frau Kaminsky beauftragte Rechtsanwalt will die Ausstellung eines Geburtsscheins unbedingt erwirken und läßt die Pirnaer wissen, daß sich Walter Kaminsky bereits seit 14 Jahren in Argentinien befindet und seine Mutter nachholen wolle. Eine deutschfeindliche Betätigung wird entschieden bestritten.

Der Rechtsanwalt verweist auf das Finanzamt, das Frau Kaminsky bereits zu 37 000 RM Reichsfluchtsteuer veranlagt habe, und er schreibt weiter:

„Da zudem den auswandernden Juden von dem verbleibenden Vermögen durch die Deutsche Golddiskontobank nur ein Betrag von 6 % in Devisen ausgezahlt wird, würden die übrigen 94 % bei Verhinderung einer Ausreise der Frau Kaminsky der deutschen Volksgemeinschaft weiter verlorengehen."

Auch diese Begründung bewegt die Pirnaer Stadtverwaltung nicht, ihre Entscheidung zu überdenken.

Die angeforderte Urkunde wird schließlich auch nicht mehr benötigt, weil die argentinische Botschaft andere Dokumente als hinreichend anerkennt.[219]

Aus dem Vorgang wird aber deutlich, welch hohe Auswanderungssteuer, Reichsfluchtsteuer genannt,[220] zu entrichten war und in welchem Ausmaß jüdisches Vermögen bei einer Auswanderung geraubt wurde. Immerhin wird aus diesem Fall aber auch erhellt, daß die damals bereits 65-jährige Rosalie Kaminsky Deutschland noch vor Kriegsbeginn verlassen konnte.

Erhalten geblieben ist eine Akte, in der all jene Schreiben aufbewahrt sind, in denen in Pirna Geborene die Annahme der Zwangsvornamen Sara bzw. Israel anzeigten oder beantragten. Das mußten ja alle Jüdinnen und Juden, die am 1. 1. 1939 noch in Deutschland lebten.

Wenn wir davon ausgehen könnten, daß diese Unterlagen vollständig sind, dann hätten von den genau 30 in Pirna Geborenen, aber nicht mehr hier Ansässigen, zu Jahresbeginn 1939 nur noch 8 in Deutschland gewohnt, und zwar Alice Eichtersheimer, geb. Linz (1899) in Karlsruhe, Manfred Heß (1898) in Pirna, Eduard Joachim Neumann (1900) in Dresden, Käte Meyer, geb. Kaminsky (1900) in Berlin, Albert Prinz (1883) in Mannheim, Dr. Hugo Rosam (1890) in Stuttgart, Gertrud Samson, geb. Linz (1902) in Frankfurt/Main und Rosa Schäfer, geb. Ikenberg (1889) in Dresden (in Klammern die Geburtsjahre).

Albert Prinz bat um ein Geburtsscheinduplikat „für Auswanderungszwecke", dürfte also auch bis Kriegsausbruch ausgewandert sein.[221]

Am 22. Juni 1939 berichtete der Pirnaer Anzeiger[222] von einem „Rassenschänderprozeß" in Dresden. Angeklagt war der am 25. 9. 1900 in Pirna geborene Joachim Eduard Israel Neumann „wegen fortgesetzten Verbrechens der Rassenschande". Neumann lebte nach seiner Scheidung mit einer „arischen" Lebensgefährtin in nichtehelicher Gemeinschaft und setzte diese auch nach dem 1935 verkündeten Blutschutzgesetz in aller Heimlichkeit fort, wobei beide nicht mehr unmittelbar zusammenlebten. Bereits 1937 war gegen ihn ein Strafverfahren eingeleitet worden, das aber eingestellt werden mußte, „da sowohl der Jude, als auch die artvergessene Frau leugneten und keine greifbaren Beweise vorhanden waren." Als er sich im August 1938 seiner Gefährtin erneut näherte, wurde er „nach Hinweisen scharf überwacht und am 1. März durch die Geheime Staatspolizei in der Wohnung der Geliebten überrascht und festgenommen." Die Strafe: Drei Jahre Zuchthaus und drei Jahre Ehrenrechtsverlust! Das dürfte für Joachim Neumann das Todesurteil gewesen sein. Selbst wenn er 1942 die drei Jahre hinter sich gebracht hätte, auf eine Entlassung konnte er nicht rechnen. Wenn er nicht schon vorher in ein Konzentrations- oder Vernichtungslager überstellt war, dann geschah das mit Sicherheit am Tage der Entlassung aus dem Zuchthaus.

Im Mai 1939 gab es eine Volkszählung. In ihrem Ergebnis wurden auch alle Juden und „Mischlinge" besonders erfaßt. Danach lebten zu dieser Zeit noch in Pirna-Copitz der vordem in der Landesanstalt Sonnenstein registrierte Otto Steinberg und im Kreisheim des Landkreises Pirna (heute Landratsamt) die 1877 geborene Rosa Dietrich.[223] Über beide fanden sich keinerlei weitere Unterlagen, die über ihre Herkunft und ihr weiteres Schicksal Auskunft geben könnten.

Erfaßt wurden weiterhin vier „Mischlinge" 1. Grades und sieben 2. Grades. In welcher Weise sie unter der nazistischen Judenverfolgung litten, ist nicht bekannt.

Pirna und die „Endlösung der Judenfrage"

Am 28. Juli 1941 verließ ein Zug mit etwa 575 Häftlingen das Konzentrationslager Auschwitz. Seit Mai 1941 war im Lager eine Selektionskommission tätig, die kranke und gebrechliche Häftlinge in Listen erfaßte, um sie in ein „Sanatorium" bei Dresden zu überführen, wo sie angeblich wiederhergestellt werden sollten. Maßgeblich an Untersuchung und Auswahl beteiligt war Dr. Horst Schumann, Leiter der „Euthanasie"-Tötungsanstalt Sonnenstein. Alle diese Auschwitz-Häftlinge, es waren Juden und Polen, wurden sofort nach ihrer Ankunft auf dem Sonnenstein vergast und verbrannt.[224]

Bevor die Tötungs-Maschinerie in den Vernichtungslagern des Ostens (Auschwitz, Treblinka, Belzec, Sobibor, Maidanek) installiert war, übernahmen einige der Euthanasie-Anstalten die Tötung ausgesonderter und nicht mehr hinreichend arbeitsfähiger Häftlinge.

Es war deshalb nur folgerichtig, daß auch das Personal der im Spätsommer 1941 auslaufenden ersten großen Welle der Tötung geistig Behinderter danach in den Massenmordstätten im Osten einen neuen Einsatz fand. In Auschwitz unternahm Dr. Schumann mörderische Versuche für eine Massensterilisation mittels Röntgenstrahlen. Der Sonnensteiner Standesbeamte Gottlieb Hering brachte es zum Kommandanten von Belzec; dort fanden sich auch Sonnensteiner „Brenner" wie Arthur Dachsel und Rudi Kamm ein. Der aus Dohna stammende Polizeihauptwachtmeister Arthur Walther, Wirtschaftsleiter in der Tötungsanstalt Sonnenstein, war nachher in Sobibor tätig, wie auch der Leiter der Fahrzeugkolonne Paul Rost und der Büroleiter Haunstein, ferner die Sonnensteiner Erich Schulz, Wenzel Rehwald, Kurt Bolender, Erich Dietze. Gustav Münzberger wandte in Treblinka seine auf dem Sonnenstein erworbenen Kenntnisse bei der Vergasung Tausender jüdischer Menschen an.[225]

In den letzten Monaten des Nazireichs wird Pirna zum Durchgangsort mindestens eines Evakuierungstransports von Juden per Eisenbahn.

Im Vernichtungs-KZ Auschwitz fand, nach Beginn der sowjetischen Januaroffensive am 17. 1. 1945, der letzte Zählappell statt.[226] Danach befanden sich in den drei Hauptlagern Auschwitz, Birkenau und Monowitz einschließlich der Nebenlager noch 67 012 Häftlinge. Sie, die bis zu diesem Zeitpunkt Sklavenarbeit in den für den Krieg produzierenden Unternehmen der IG-Farben und anderer privater Großunternehmen leisteten, sollten alle evakuiert, die nicht mehr arbeits- und transportfähigen „liquidiert" werden. Innerhalb von etwa einer Woche gingen mindestens 20 Transporte von Auschwitz ab.

Am 27. Januar sprengte die SS in den Frühstunden das letzte Krematorium, am Nachmittag befreiten sowjetische Truppen das Lager, in dem noch über 7000 Häftlinge überlebt hatten.

Die Evakuierungstransporte waren zwischen drei Tagen und einer Woche unterwegs. Zu dieser Zeit herrschten strenge Fröste, zeitweise waren es − 20° und noch darunter. Für die Verpflegung unterwegs war nicht oder nur unzureichend gesorgt worden.

„Auf einigen Zügen wurden die Gefangenen in offene Güterwagen gepfercht, in denen sie Schnee aßen und aus denen sie die unterwegs Gestorbenen hinauswarfen",

schreibt Hilberg.[227]

Ein solcher Transport kam am 27. Januar 1945 durch Pirna. Über ihn unterrichten uns krimi-nalpolizeiliche Untersuchungen und Vernehmungen, die im September 1945 protokolliert wurden.

Am 27. 1. gegen 13 Uhr erfährt der Eisenbahnoberinspektor Herbert D. von einem Sonderzug mit jüdischen KZ-Häftlingen, der aus dem Protektorat (Böhmen und Mähren) in Richtung Dresden verkehre. Aus diesem Zug würden unterwegs tote Häftlinge herausgeworfen. Er wä-re schon einige Tage unterwegs und die Häftlinge infolge der Strapazen sehr geschwächt. D. ordnet die „beschleunigte Weiterleitung des Zuges an, dessen Ziel Oranienburg bei Berlin" ist, wie er vom Bahnhof Bodenbach informiert wird. Gegen 16 Uhr durchfährt er den Bahnhof Pirna und legt in Heidenau-Süd einen Zwischenhalt ein, wobei die Lokomotive ge-wechselt wird. Dort sollte auch Verpflegung verteilt werden, die jedoch nicht eingetroffen war. So erhalten die noch Lebenden lediglich warmes Wasser.

D., der den Zug bei der Durchfahrt beobachtete, gab zu Protokoll:

„Der Zug bestand aus etwa 50 offenen und einem gedeckten Güterwagen. Die Häftlinge wa-ren etwa zu 50 Mann in jedem Wagen untergebracht. Zum Schutz (gegen) Kälte hatten sie ih-re Decken umgehangen. Unter den Häftlingen befanden sich auch mehrere Frauen. Wie ich gesehen habe, befand sich auf jedem 10. oder 12. Wagen ein SS-Mann."

D. erhält die Mitteilung, daß an der Strecke zwischen Mittelgrund und Pirna 17 Tote aus dem Zug geworfen worden sind. Er ordnet an, daß der in Aussig eingesetzte Sondergüterzug, der die Leichen zwischen Lobositz und Bodenbach einsammelte, nach Pirna weiterfährt und da-bei auch die Toten auf der Strecke bis zum Pirnaer Bahnhof aufnimmt.

Dieser 3 Waggons starke Zug mit insgesamt 73 Leichen, einige von anderen Zügen inzwi-schen zerstückelt, trifft am Sonntag, dem 28.1., gegen 16 Uhr, in Pirna ein. Friedhofswärter W., Bestattungsordner W., die Polizeidienststelle und der Superintendent waren unterdessen verständigt worden.

Die Reichsbahn stellte zum Einsammeln der Leichen sowjetische Kriegsgefangene ab. Acht von ihnen waren abkommandiert, um auf dem Friedhof ein Massengrab in den gefrorenen Boden zu hacken und auszuheben. Es war mit 5 m Länge und 1,80 m Tiefe zu gering be-messen, weil ursprünglich nur von ca. 35 Leichen die Rede war. So mußte dichter in drei Lagen gestapelt werden. Die Toten waren völlig unterernährt und steif gefroren, trugen Häftlingskleidung, vielfach „fast zerlumpt und zum Teil fast völlig entblößt". Keiner hatte Ausweise oder sonstige Papiere bei sich. Niemand konnte identifiziert werden.[228]

Wer waren sie, wie gelangten sie in die mörderische Maschinerie des Hitlerfaschismus, was erlitten sie, ehe sie auf diesem letzten Transportweg verhungerten und erfroren?

Auf dem Friedhof an der Dippoldiswalder Straße kündet eine Aufschrift:

DEM GEDENKEN VON 80 HÄFTLINGEN VERSCHIEDENER NATIONEN! SIE STARBEN AUF DEM TRANSPORT VON EINEM KONZENTRATIONSLAGER IN DAS ANDERE 1945.[229]

Mehrfach durchzogen Evakuierungskolonnen aus Konzentrationslagern unsere Stadt und das Kreisgebiet.

Zu den 73 Toten aus dem Bahntransport vom 27. 1. kamen in den folgenden Wochen weite-re hinzu.

Im September 1945 gibt der Verwalter der Fronfeste Paul M. zu Protokoll:

„Am 17. 2. 1945, nachmittags gegen 15 Uhr, erschien vor dem Grundstück Schmiedestr. 8, Städt. Obdachlosenheim, ein Tafelwagen, der mit einer Plane überdeckt war. Der Begleiter dieses Fahrzeuges, den ich nicht kenne, erklärte, daß er mir eine Person, eine Jüdin Anna **Steiner** *mit einem Kinde, welches am selben Tage früh 6 Uhr in einer Scheune in Zehista geboren worden sei, zuführen müßte. In Begleitung befand sich noch die Schwester der Kindesmutter, Inka* **Klinger***, außerdem lag auf dem Tafelwagen noch eine schwer lungenkranke Person, die Jüdin Rachella* **Grünbaum***.[230]*

Der Gesundheitszustand der Letzteren war so, daß ich sie sofort in einem Bett unterbringen mußte. Am folgenden Freitag, den 23. 2. 1945, war für Letztere ärztliche Hilfe dringend nötig. Ich rief Dr. Streitberger an, der baldigst zur Stelle war und alle drei Personen untersuchte. Er erklärte mir, daß ärztliche Hilfe für die Lungenkranke notwendig sei, zuständig aber sei Frau Dr. Peintker.

Auf telefonischen Anruf bei Frau Dr. Peintker erklärte sie mir, daß sie Jüdinnen nicht behandele. Hiervon habe ich Dr. Streitberger in Kenntnis gesetzt, der mir schon vorher erklärt hatte, daß im Falle Frau Dr. Peintker ablehnen sollte, er die Behandlung übernehmen werde, was er dann auch getan hat.
Der Zustand der Lungenkranken verschlechterte sich bis zum Abend noch so, daß sie um 20 Uhr abends verstarb.
Die verstorbene **Grünbaum** *ist dann am nächsten Tag nach dem Friedhof Pirna gebracht worden."* [231] (siehe Ergänzung② Seite 130)

Keine Nachricht wird uns darüber zuteil, mit welchem der zu dieser Zeit zahlreichen Todestransporte aus Konzentrationslagern sie nach Pirna gelangt sind, wie es Anna Steiner, ihrem Neugeborenen und ihrer Schwester Inka Klinger weiter erging. Ob sie überlebten? – Die Ermittlungen waren nur auf die in Pirna Bestatteten gerichtet.

Möglicherweise steht diese Information mit einem anderen Bericht in Verbindung, der vom KZ-Außenlager in Zatzschke handelt. Dort waren um die gleiche Zeit Frauen aus dem KZ Ravensbrück, die im Januar 1945 zur Arbeit in einen Rüstungsbetrieb nach Dresden verfrachtet worden waren, nach der Zerstörung Dresdens am 13. 2. 45 eingeliefert worden. Unter ihnen befanden sich zahlreiche jüdische Frauen, die besonders schlecht behandelt wurden. Man gab ihnen z. B. nicht einmal eine Decke. Viele von ihnen starben und wurden auf dem Friedhof in Lohmen beigesetzt, gleich am Ort verbrannt oder im angrenzenden Busch verscharrt.[232]

Zwei finden nach 1945 nach Pirna zurück: Alfred Cohn und Max Tabaschnik

Es ist schon seltsam: Über die Familie **Cohn**, die am längsten in Pirna ansässig war, ist verhältnismäßig wenig bekannt. Isidor Cohn, 1884 nach Pirna gekommen, hatte offenbar keinen besonderen geschäftlichen Erfolg. Er ist wahrscheinlich durch die Inflation und danach durch die Weltwirtschaftskrise 1929 bis 1933 stärker getroffen worden. 1932 starb er.[233]

Sein Sohn versuchte danach, das Unternehmen zu retten. Auch nachdem es seine „arische" Ehefrau übernommen hatte, war es nicht zu halten. 1934 gab Gertrud Cohn, geb. Borrmann, das Geschäft endgültig auf, und Alfred Cohn hielt die Familie als Vertreter einer Weberei in Sohland a. d. Spree mühsam über Wasser.

Alfred Cohn, am 13. 11. ins KZ Buchenwald verbracht, wird am 8. 12. 1938 von dort entlassen, weil durch seine Ehefrau die Ausreise eingeleitet wurde. Aus einem Vermerk der Pirnaer Polizei vom 1. 12. 1938 geht hervor, daß Cohns Ehefrau um Ausreiseerlaubnis für die Familie nach Brasilien nachgesucht habe. Dazu brauchte sie eine „steuerliche Unbedenklichkeitsbescheinigung". Antragsformulare für einen Reisepaß habe sie auch geholt.

Diese Ausreise kam aber nicht wie vorgesehen zustande. Welches Land nahm damals schon relativ unbemittelte Juden auf.

Am 1. 2. 1939 verzieht Alfred Cohn nach Rotterdam, seine Mutter und seine Ehefrau bleiben im Land und beziehen in Dresden eine Wohnung.

Die Gestapo fragt in Pirna noch an, ob Cohn über Vermögen und sonstigen Besitz verfüge und Reichsfluchtsteuer gezahlt habe. Ihr wird beschieden, Cohn habe kein Vermögen besessen und mußte somit auch keine Reichsfluchtsteuer bezahlen.[234]

Alfred Cohn soll den Krieg in einem holländischen Kloster überlebt haben.[235] Im Unterschied zu seinen Eltern war er zum katholischen Glauben konvertiert. Seine Ehefrau und seine Mutter konnten Deutschland nicht mehr verlassen. Amalie Cohn wird Opfer des faschistischen Völkermords an den Juden. 1943 verstirbt sie in Theresienstadt, wohin sie aus Deutschland deportiert wurde.

Die Befreiung, die sein Leben sichert, erlebt Alfred Cohn im September 1944 in Holland. Die ihn befreienden Engländer aber sperren ihn, den Deutschen, zwischen dem 28. September 1944 und dem 31. Mai 1945 als Internierten in das Lager Vught in Nord Brabant/Holland ein. Als er im Herbst 1945 Pirna erreicht und einen Fragebogen ausfüllen muß, schreibt er unter „Haftzeiten": 8 Monate Holland, 24 Tage Buchenwald.

Alfred und Gertrud Cohn finden sich wieder. Sie wohnen zunächst in Lohmen, bis sie am 1. 12. 1945 eine Wohnung in Pirna, Hospitalstraße 5, beziehen können. Der damals 59-jährige bittet den Oberbürgermeister Wetzig um eine Anstellung beim Rat der Stadt Pirna. In seinem Antrag verweist er auf seine Lebensumstände:

„*Wie ich Ihnen mitteilte, bin ich erst kürzlich unter Zurücklassung meiner letzten Sachen aus einem holländischen Internierungslager zurückgekehrt.*
Eine lange Zeit würde ich noch zur Erholung von der Hungerkur des Lagers benötigen, dann möchte ich jedoch ein Verdienst haben können, um auch meine Frau, die die ganzen Jahre als mit einem Nichtarier verheiratet, hier viel durchgemacht hat, endlich zu entlasten.
Unsere Existenz hat die Naziregierung vollständig zerstört, jetzt ein Geschäft aufzumachen, ist nicht gut möglich, sodaß ich von Ihrer freundlichen Zusage, mich unterbringen zu wollen, gern Kenntnis nahm."

Am 19. 11. 1945 tritt Alfred Cohn seine Arbeit in der Erörterungsabteilung beim städtischen Wirtschaftsamt an, wofür er mit 226,10 RM vergütet wird. Als Opfer des Faschismus offiziell anerkannt, wird er im August 1946 Mitglied ihres Kreisausschusses[236] und erhält 1947 die Möglichkeit zur einmonatigen Erholung im OdF-Heim Langenhennersdorf. Zum 31.12.1948 wird ihm gekündigt, „wegen Maßnahmen zur Arbeitskräfteeinsparung". Der Einspruch der OdF-Dienststelle beim Landkreisamt kann daran nichts ändern. Diese Entlassung muß ihn schwer getroffen haben.

Seine Frau spricht in einem Brief an den Rat der Stadt vom September 1949 von einer „ihm zugefügten tatsächlich ungerechtfertigten Kränkung", wofür die Stadt einiges an ihm gut zu machen hätte, und bittet um eine Teilzeitbeschäftigung für ihn im Umfang von ca. 3 Stunden, was er noch schaffen könnte, um sich etwas zu seiner Rente hinzuzuverdienen. Als Opfer des Faschismus ist Alfred Cohn, jetzt 62 Jahre alt, schon rentenberechtigt. Bei den damals insgesamt noch kargen Renten, auch für vom Faschismus Verfolgte, war ein auskömmliches Leben ohne jeden weiteren Rückhalt nur schwer möglich.[237]

An Alfred Cohn als Teilnehmer von Veranstaltungen des Kulturbundes können sich noch einige Pirnaer erinnern. Am 30. April 1957 verziehen Cohns nach Taucha. Ihr Familienname wird in Borrmann, den Mädchennamen seiner Ehefrau, verändert.[238] Was muß sie dazu bewogen haben? Am 10. Februar 1958 ist Alfred Cohn/Borrmann in Taucha verstorben.[239]

Max Tabaschnik durchlebte eines der ungezählten Emigrantenschicksale. 1933 war er den Nazis in die Tschechoslowakei entkommen. Von dort aus übersiedelte die Familie nach England.

Sein Sohn Werner (Jahrgang 1923) wird Angehöriger der britischen Armee, kommt nach Indien und kämpft in Burma gegen die Japaner.

Zu Kriegsende ist er bereits Major. Im Februar 1946, nach dreieinhalb Jahren Überseedienst, folgt seine Versetzung nach England, bald sein Einsatz in Deutschland. Hier arbeitet er als Mitglied eines Gerichts zur Aburteilung von Kriegsverbrechern (z. B. Prozeß Bergen-Belsen II), aber auch kurzzeitig als Kommandant eines Lagers für gefangene SS-Offiziere. Die längste Zeit versieht er Dienst als Verbindungsmann zwischen englischen und amerikanischen Dienststellen zur Ahndung von Kriegsverbrechen in Augsburg und Dachau.

In Augsburg läßt sich zunächst auch Max Tabaschnik nieder. Als Werner aus der britischen Armee Ende 1947 entlassen wird, bemühen sich beide um Übersiedlung in die sowjetische Besatzungszone. Das gelingt auch nach einigen Schwierigkeiten.

Im März 1948 sind sie nach 15 Jahren wieder in Pirna. Beide werden Mitglieder der SED, Max findet rasch Kontakt zu früheren Freunden und Patienten. In der Maxim-Gorki-Straße bezieht er eine Wohnung und richtet sich seine Praxis ein. Nach Teilnahme an Fortbildungskursen erreicht er seine Anerkennung als Zahnarzt, denn der Beruf des Dentisten ist in der DDR 1949 aufgehoben worden.

Werner Tabaschnik sucht seinen Platz als freiberuflicher Schriftsteller zu finden; das erweist sich in dieser kargen Zeit als unsicheres Unternehmen. Schließlich finden wir ihn als hauptamtlichen Kreissekretär der VVN in Pirna.

Max Tabaschnik und dessen Sohn suchten also bewußt den Weg nicht nur in jene engere Heimat, aus der sie 1933 vor den faschistischen Häschern flohen. Sie entschieden sich auch für jenen Teil Deutschlands, der ihnen als die soziale und antifaschistische Alternative zum Nazireich erschien.

Doch schon 1950 gibt es einen Bruch. Im Zusammenhang mit der von der Stalinschen Politik betriebenen Spionage-Hysterie setzen auch in der DDR Untersuchungen und Partei-Überprüfungen ein, die sich besonders gegen zurückgekehrte Emigranten aus westlichen Ländern richten.

In speziellen Spionageverdacht gerät Werner Tabaschnik als ehemaliger britischer Offizier, der in seiner Tätigkeit als Mitglied von Organen zur Aufdeckung und Aburteilung von Kriegsverbrechen ja auch Kontakte mit amerikanischen und britischen Geheimdiensten haben mußte. Nach ersten ihm abverlangten Stellungnahmen und Erklärungen verläßt Werner Tabaschnik überstürzt die DDR.

Max Tabaschnik verlor bald nach seiner Rückkehr seine bereits krank nach Pirna gekommene Frau. Ende 1950 heiratet er ein zweites Mal. Zwei Söhne stammen aus dieser Ehe.[240] Bis 1964 lebt und arbeitet er noch in Pirna und wird 1963 als „Sanitätsrat" geehrt. Von Patienten als guter Zahnarzt geschätzt, erfuhr er zuweilen ihn verletzende herablassend-nachsichtige Behandlung mancher diplomierter Berufskollegen. Politisch geriet er mit weltoffener Sicht zunehmend in Widerspruch zu einer immer starrer und beschränkter werdenden Politik der SED-Führung und verließ schließlich die Partei, der er sich einmal aus natürlichem sozialem Empfinden zugesellt hatte.

Max Tabaschnik verstarb 1971.[241]

Max Tabaschnik

Schluß

Weit über 50 Millionen Menschen brachte der deutsche Faschismus und der von ihm ausgelöste zweite Weltkrieg um ihr Leben. In dieser das Vorstellungsvermögen völlig überfordernden Größe haben die annähernd sechs Millionen getöteten Juden einen besonderen Platz, sollten sie doch gezielt als Volk vernichtet werden. Das eigentlich nur statistisch faßbare Ausmaß dieser wie anderer Opfergruppen verdeckt die vielen Einzelschicksale.

Wir folgten in einem überschaubaren Raum, wie unserer relativ kleinen Stadt Pirna, den auffindbaren Spuren der hier einmal ansässig gewesenen jüdischen Familien. Selbst das Wenige hier Erschlossene läßt beinahe alle Seiten und Formen jüdischen Lebens und Leidens zugänglich werden: Den latenten und nur zeitweise aufblitzenden Antisemitismus vor 1933, die sofort nach der Machtübernahme der NSDAP einsetzenden Boykottmaßnahmen, die bald alltägliche Gehässigkeit und zunehmende Gefährdung, die Zug um Zug voranschreitende Ausgrenzung, den Novemberpogrom von 1938, den Terror, die Verdrängung aus der Stadt, schließlich die Vernichtung einiger, die hier einmal lebten.

Die in Pirna wie in anderen Teilen Deutschlands früher ansässigen Juden gehörten unterschiedlichen sozialen Schichten an. Sie vertraten politisch verschiedene Auffassungen. Die reichten vom Arbeiter und Kommunisten Noack bis zum Unternehmer und Freikorps-Kämpfer Heß. Sie standen auch untereinander kaum oder nur locker in Verbindung. Auch ihre religiösen Bindungen variierten stark. Viele fühlten sich vor 1933 als vollgültige Deutsche. Emanzipation und Liberalisierung seit dem vergangenen Jahrhundert, lange herbeigesehnt und schrittweise erkämpft, förderten bei einer wachsenden Zahl die Bereitschaft, in diesem Volke hier aufzugehen, viele ohne sich vom alten Glauben zu verabschieden. Alle waren sie ganz normale Menschen, mit starken wie mit schwachen Seiten, unterschiedlichen Charakters und Temperaments, mit Haltungen und Handlungen, wie man sie allerorts im Lande treffen konnte.

Die Nazis jedoch brandmarken sie als den für alle Übel schlechthin verantwortlichen Aussatz. „Der Jude", dieser in der verabsolutierten Einzahl allen aufgeprägte Stempel verwies sie einem gleichen Geschick: Sie alle waren hinfort drangsaliert, entrechtet, entwürdigt, enteignet, verdrängt, vertrieben und, sofern sie in Deutschland verblieben, in zunehmender Lebensgefährdung.

Amalie Cohn, Schifra Engler, ihre Töchter Anna und Marie, Berta und Manfred Jurmann wissen wir unter den Opfern des nazistischen Völkermords an den Juden.

Die Erinnerung an sie, an die Pirnaer Juden überhaupt, sollten wir in uns aufnehmen und bewahren, weniger wegen einer nicht recht faßbaren Schuld der heute Lebenden, sondern für einen geschärften Blick auf Verantwortung, die es jetzt und künftig wahrzunehmen gilt.

Teil 2

Max Tabaschnik, Königstein

(Dieser Bericht erschien 1934 in Karlsbad.)[242]

Ich heiße Max T a b a s c h n i k und wurde am 20. April 1893 in der Ukraine als russischer Jude geboren. Ich bin staatenlos und lebte ab 1910 – also seit meinem 16. Lebensjahr – ohne Unterbrechung in Deutschland. Meine Frau stammt aus Bayern, mein zehnjähriger Sohn ist deutschsprachig erzogen worden.

In Karlsruhe erlernte ich den Beruf eines Zahntechnikers. Während des Krieges war ich zunächst – als russischer Staatsangehöriger – etwa acht Wochen hindurch interniert, später durfte ich, unter dem Schutze der spanischen Regierung, unbehindert in Deutschland leben und arbeiten.

1919 ließ ich mir von der damaligen ukrainischen Gesandtschaft in München einen neuen Paß ausstellen, ohne zu ahnen, daß die russische Regierung diese „Wrangelpässe" scharf ablehnte. 1921 annulierte sie das Dokument, ich war von da an staatenlos, erhielt aber von den deutschen Behörden einen Personalausweis.

In den letzten Jahren übte ich meinen Beruf in der sächsischen Stadt Pirna, an der Elbe in der Nähe von Dresden aus. Pirna ist vorwiegend von Arbeitern bewohnt. Meine Praxis ging sehr gut, ich war zur Krankenkassenbehandlung zugelassen und bemühte mich, auch da zu helfen, wo die Armut eine Bezahlung meiner Dienste unmöglich machte. Noch heute besitze ich das Anerkennungsschreiben der Stadt Pirna vom 17. Juni 1931, in dem mir für diese Hilfe ausdrücklich gedankt wird. Lange Zeit habe ich ausgesteuerte Erwerbslose und andere Bedürftige umsonst behandelt, oft fünfzig und mehr in einem Monat.

Ich erwähne diese Tatsache nicht, um mich ihrer zu rühmen. Ich möchte nur dartun, daß ich trotz meiner Staatenlosigkeit kein schlechterer „Volksgenosse" war als andere.

Viele Kollegen sahen in mir freilich den unbequemen Konkurrenten. Ich hatte deswegen mit Schwierigkeiten zu kämpfen. Die gleichen Zahnärzte, die mich nach dem Umsturz als linksstehenden Aufwiegler und Spion denunzierten, hatten Monate vorher der überwiegend sozialistischen und demokratischen Stadtverwaltung meine angeblich nationalistischen Neigungen glaubhaft zu machen versucht. Als Staatenloser gegen solche Anfeindungen doppelt schutzlos, hielt ich mich in Wahrheit von politischer Betätigung fern. Allerdings hatte ich mich dem „Volksgesundheitsverband" und den „Arbeitersamaritern" – linksstehenden Vereinigungen – angeschlossen, wie ich überhaupt keinen Hehl daraus mache, daß ich mit der republikanischen und sozialistisch gesinnten Arbeiterschaft sympathisierte, mich ihr zugehörig fühlte. Ich hielt in diesen Kreisen Vorträge über Zahnpflege und bemühte mich, auf meinem Gebiet aufklärend zu wirken.

Was ich jetzt berichten werde, ist die reine Wahrheit. Meinen Weg vom Gefängnis ins Krankenhaus, vom Krankenhaus ins Gefängnis, vom Gefängnis ins Konzentrationslager Königstein und von da wieder ins Krankenhaus kann ich mit genauen Daten belegen. Zahlreiche amtliche Dokumente, Aufnahme- und Entlassungsscheine, Kostenrechnungen, Androhungen neuer Haft, sind in meinem Besitz, und ich bin bereit, sie jederzeit vorzulegen.

Für die Mißhandlungen, die mir im Lager Königstein zugefügt wurden, kann ich gegenwärtig keine Zeugen stellen, denn weder Mitgefangene, die sie mit ansahen, noch die wenigen menschlicher gesinnten SA Leute des Lagers, die sie mißbilligten, noch die Ärzte des

Krankenhauses, die mich behandelten, dürfen es im heutigen Deutschland wagen, für die Wahrheit zu zeugen.

Vielleicht wird der Tag kommen, der ihnen die Zunge löst. Heute kann ich nur mit meinem Eide jede Angabe bekräftigen, die ich auf den folgenden Seiten niederschreiben werde, und die Narben an meinem Körper mögen diesen Eid stützen.

Eines möchte ich noch bekennen: Das Schicksal eines Staatenlosen ist in dieser Welt der widereinander streitenden Nationen hart, oft trostlos – in den Frühjahrstagen 1933 habe ich meine Staatenlosigkeit gesegnet. Wäre ich deutscher Jude gewesen, hätte das Nansenamt mir nicht seine Hilfe gewährt – ich wäre erschlagen worden wie ein Hund. Den deutschen Juden ist die Staatsangehörigkeit im gegenwärtigen Deutschland kein Schutz – sie ist ein Fluch!

Das „Dritte Reich" bricht an

Am 6.März 1933 – also einen Tag nach der Hitlerwahl – drangen zwei Polizeibeamte und ein braun uniformierter Hilfspolizist in meine Wohnung in Pirna ein, um Haussuchung zu halten. Sie durchwühlten alles, fanden aber nichts.

Ich ging meiner Arbeit nach, übte meine Praxis weiter aus, spürte aber bald, daß mir etwas drohte. Auf der Straße wurde ich als „tschechischer Hund" beschimpft. Wenn die braunen Umzüge an meinem Fenster vorüberfluteten, hoben sich geballte Fäuste, drangen Schimpfworte zu mir herauf. Ich konnte und wollte meine Arbeit nicht im Stich lassen, ich wartete ab.

An einem Sonnabend Abend, es war der 25. März, kehrte ich mit meiner Frau von einem Besuch in Dresden zurück. Schon auf dem Bahnhof erwarteten uns zwei Polizeibeamte und erklärten mich für verhaftet. Nach einigem Hin und Her waren sie bereit, mich zunächst in meine Wohnung zu begleiten. Meine Frau, die zwei schwere Operationen hinter sich hat, war hart am Zusammenbrechen, ich konnte sie nicht allein lassen. Zu Hause angekommen, telefonierte ich mit dem nationalsozialistischen Bürgermeister Scheufler und fragte nach dem Grunde meiner Verhaftung. In militärischem Schnauzton erfolgte die Antwort: „Sie sind angeschuldigt, Greuelmeldungen ins Ausland geschickt zu haben. Sie gehen augenblicklich mit, ich verbitte mir jede Widerrede!"

Die Fronfeste in Pirna ist ein altes Gefängnis aus dem 16. Jahrhundert, das seit vielen Jahren nicht mehr benützt wurde, da die Unterbringungsmöglichkeit den Gesundheitsvorschriften, die in der deutschen Republik auch für Gefangene galten, nicht entspricht. In dieser Fronfeste wurde ich zunächst gefangen gesetzt. Man nahm meine Fingerabdrücke und notierte meine Maße ganz genau, als sei ich ein längst gesuchter Schwerverbrecher.

Noch heute packt mich Schauder, wenn ich an die Fronfeste denke. Kahle, düstere Steinwände, an den Mauern die Eisenketten, mit denen vor Jahrhunderten die Gefangenen gefesselt wurden, dumpfe, feuchte, beklemmende Luft: das Dritte Reich wollte beweisen, daß die Tage des Mittelalters zurückgekehrt seien, die Zeiten des Gewissenszwanges und der Folter! Es gab keinen Hof, in dem die Gefangenen wenigstens für Stunden freier hätten atmen dürfen, es gab nur Steine, Gitter, Moder, Ketten und Strohsäcke!

Inzwischen hatte ich erfahren, daß ich mich als „Schutzhäftling" zu betrachten habe. Vor wem sollte ich, wer sollte vor mir „geschützt" werden? Ich begriff nicht recht, was vorging, alles schien mir wie ein Albtraum. Ich hatte zu lange unter den Rechtsbedingungen eines zivilisierten Staates gelebt, ich konnte mich nicht von heute auf morgen in einen Zustand des Faustrechts finden, der alle persönliche Sicherheit, jede menschliche Freiheit aufhob.

Mit drei Mitgefangenen teilte ich die Zelle. Ich war benommen, brütete vor mich hin. Plötzlich, als ich gerade unter Bewachung den Gang betrat, hörte ich die Worte: „Es gibt keine Besuchszeit hier!" Und darauf eine mir bekannte weibliche Stimme: „Aber ich will meinen Mann sehen!" – Meine Frau war gekommen.

Ich lief zu ihr, wir reichten uns beide Hände, wollten miteinander sprechen, aber der Oberwachtmeister Melletin,[243] ein Kerkerhüter, wie ihn das Dritte Reich brauchen kann, riß uns auseinander, mich warf er in die Zelle, meine Frau aber faßte er mit hartem Griff und stieß sie zur Tür hinaus.

Ich trat in Hungerstreik. Am Montag früh hatte ich hohes Fieber und wurde ins Krankenhaus gebracht. Nachdem mich ein Photograph der Dresdener Kriminalpolizei mehrfach photographiert hatte, kam ich in eine Krankenzelle mit doppelt vergitterten Fenstern. Acht Tage lang verweigerte ich die Nahrungsaufnahme, dann ließ ich mich durch meine Frau bewegen, etwas zu essen.

Ruhe hatte ich nicht. Ich mußte immer aufs neue Befragungen über mich ergehen lassen, wo meine „Waffe versteckt sei." Ich besaß keine Waffe, hätte auch nicht verstanden, mit ihr umzugehen.

Am 13. April wurde ich wieder für haftfähig erklärt und zunächst auf der Polizeiwache vernommen. Auf dem Tisch lag ein Befragungsbogen mit dem dick unterstrichenen Vermerk: „Ostjude!" Ich sollte darüber Auskunft geben, wieviel Geld ich vom Ausland bekommen hätte. Es erging mir wie mit der Waffe – ich hatte nie Geld vom Ausland erhalten und beteuerte das, ohne jedoch Glauben zu finden. Der Vermerk auf dem Formular: „Ostjude!" hatte genügt, den vernehmenden Beamten von meiner Unglaubwürdigkeit zu überzeugen. Ich hatte aber zudem noch das Unglück, daß dieser Beamte – er hieß Dürbe[244] – persönliche Rache an mir übte.

In einem kleinen Ort wie Pirna kennt ja jeder den anderen. Lange vor dem Umsturz hatte ich Dürbe einmal mit „Heil Hitler!" grüßen hören und einen Bekannten gefragt: „Nanu, der ist wohl jetzt auch Nazi?" Diesen unbedeutenden Zwischenfall, den ich längst vergessen hatte, hielt Dürbe mir jetzt vor, und er fügte brüllend hinzu:

„Sie verfluchter Hund, wissen Sie, was Ihnen jetzt dafür passiert? Ich habe es jetzt in der Hand, Sie Ihr ganzes Leben lang in Polizeigewahrsam zu behalten. Sie kommen überhaupt nicht wieder raus! Merken Sie sich das!"

In der Fronfeste, wohin ich gebracht wurde, packte mich das Fieber erneut. Schon am anderen Tag kam ich wieder ins Krankenhaus, blieb da – wegen „Haftpsychose" – vierzehn Tage lang und wurde am 1. Mai abermals in die Fronfeste zurückgebracht. Diesmal beschloß ich auszuhalten. Das Hin und Her von der Fronfeste ins Krankenhaus, vom Krankenhaus in die Fronfeste konnte ja nicht endlos weitergehen.

Ich mußte für jeden Tag des Aufenthalts im Krankenhaus – auch wenn ich keinen Bissen aß – sechs Mark bezahlen. Meine Praxis war zerstört, Frau und Kind mußten leben. Als ich in der Fronfeste wieder zusammenbrach, ließ ich mich nicht ins Krankenhaus schicken, obgleich der Arzt mir zuredete. Ich wartete ab, ob man mir endlich ein ordentliches Verfahren machen würde, damit ich meine Unschuld beweisen könnte. Aber mir stand Schlimmeres bevor.

Es kam ein Kriminalbeamter aus Dresden, und nach nunmehr sechswöchiger Haft erfuhr ich endlich, wessen man mich beschuldigte. Der Beamte erklärte mir, ich hätte Spionage zugunsten der Tschechoslowakei getrieben. Beweise: ich hätte niemals Schulden gemacht, sei immer anständig angezogen gewesen, sei öfter mit Frau und Kind ins Skigebiet gefahren, das hätte ich von den Einnahmen meiner Praxis nicht bestreiten können.

Ich bot Einsicht in meine Bücher an, die jährlich Einnahmen von 14 000 bis 16 000 Mark auswiesen; ich erklärte, daß ich weder Raucher noch Trinker sei und sehr zurückgezogen lebe; ich führte die Girokasse in Pirna als Leumundszeugen an, die mir einen laufenden Kredit von 1000 Mark eingeräumt hatte, aber ich fühlte schon während ich sprach, daß alles vergeblich sein würde. Man wollte nicht glauben – und man glaubte mir nicht.

Im Lager Königstein

Am 5. Mai eröffnete man mir und meinen Mitgefangenen in der Fronfeste, wir würden ins Lager Königstein überführt werden. Schon damals hatte das Wort „Konzentrationslager" einen bösen Klang. Gerüchte über grauenvolle Mißhandlungen, Morde, Folterungen kamen nicht zum Schweigen, einer flüsterte sie dem anderen zu. Wir sahen einander an, wir wußten nicht, was uns bevorstand. Wie Tiere wurden wir mit Püffen und Stößen in Automobile verladen, die kurz zuvor noch dem Konsumverein gehört hatten, aber von den deutschen Erneuerern nach dem Umsturz gestohlen worden waren. Aus dem Staatsgefängnis war gleichfalls ein Trupp von Häftlingen zu uns gestoßen, so daß wir etwa 40 Mann zählten. Vor der Tür standen die Frauen und Kinder, sahen, wie brutal wir behandelt wurden, weinten, wagten aber kein Abschiedswort.

Am Königsteiner Ufer der Elbe wurden wir von SA empfangen. „Stramm gestanden!" Neue SA Leute kamen, einzeln und in Gruppen. Sie verhöhnten und beschimpften uns und versetzten uns Fußtritte. Viele der Häftlinge, kräftige Arbeitergestalten, konnten sich kaum zurückhalten und waren drauf und dran, auf die jungen Burschen in Braun mit Fäusten dreinzuschlagen.

So standen wir lange, vor uns dicht an der Elbe das Lager, ein ehemaliges Naturfreundehaus, das wohl die meisten von uns aus freien Tagen kannten. Am Wochenende hatten wir uns dort zu Wanderungen vereint, waren singend, diskutierend, badend beieinander gewesen. Jetzt war das Heim, unser Heim, in weitem Umkreis von brauner SA abgesperrt, die Gewehre trug, als gelte es, einen feindlichen Sturmangriff abzuschlagen. Ein Stück von uns entfernt, öffnete sich ein Steinbruch.

Wir hörten, wie nach dem Sturmführer Delin gerufen wurde. Endlich kam er und musterte uns wie ein Viehhändler die zur Schau gestellten Tiere. Plötzlich sah er mich und fing an, wie elektrisiert umherzuspringen, dabei winkte er: „Komm mal her, komm mal her, du bist doch ein Jude!"

Ich trat zögernd aus der Reihe und sah in ein Paar böse funkelnde Augen. Mein Gott – wie gebärdete sich der Mann? War es ein Verrückter?

Ich kam nicht dazu, den Gedanken zu Ende zu denken. Ich fühlte mich plötzlich emporgezerrt. Einige SA Leute hatten mich auf Delins Geheiß ergriffen und schoben mich auf eine flache Lori ohne Seitenwände, wie sie in Steinbrüchen verwendet wird. Die Lori bekam einen Stoß und sauste auf den Geleisen dem Steinbruch zu.

„Da wirst Du umgearbeitet!" hörte ich es hinter mir brüllen, dann Geschrei und Gelächter.

Ich hielt mit Mühe das Gleichgewicht, ein Sturz in den Steinbruch hätte das Ende sein können. Kurz bevor der Wagen mit großer Wucht gegen eine Wand prallte, sprang ich ab. Nun wurde ich vom Truppführer Fuhrmann und zwei SA Leuten unter heftigen Schlägen gezwungen, die Lori im Laufschritt wieder bergan zu stoßen.

Danach wiederholte sich das Spiel. Zweifellos sollte ich abstürzen. Die Meldung hätte dann wie üblich gelautet: „Bei der Arbeit tödlich verunglückt" Ich stürzte nicht!

Ich zitterte noch atemlos vom Emporschieben der schweren Lori, als mir einige SA Leute meinen Koffer in die Hand drückten: „Reiß aus, reiß aus, du Hund! Geh auf Flucht, geh auf Flucht!" Ich blieb stehen. Die Meldungen „Auf der Flucht erschossen" waren schon damals nichts Seltenes und ich hatte davon gehört.

Die anderen Häftlinge waren inzwischen zur Vernehmung abgeführt worden, ich war mit meinen Peinigern allein. Jetzt stießen und schlugen sie mich, bis ich ein paar Schritte lief. Ich schrie ihnen zu, ich wolle nicht fliehen. Da riefen sie mich zurück.

Meine Kleider waren jetzt sehr beschmutzt, den SA Leuten erschienen sie aber offenbar noch zu gut. Sie zwangen mich, niederzufallen und mich im Staub umherzuwälzen, bis meine Sachen mit einer dicken grauen Schicht bedeckt waren. Dann wurde ich zu den anderen in das Haus gebracht. Unsere Taschen wurden durchsucht.

Bei mir fand man ein Familienbild, auf dem auch mein ältester, mit vierzehn Jahren verstorbener Sohn zu sehen war. Ein SA Mann fragte mich: „Ist das Deine Familie?" – „Ja!"

„So, also zwei Söhne hast Du?" Ich antwortete, der eine sei verstorben.

„Na, ist es denn schade um ihn? Um einen Judenjungen ist es niemals schade!..."

„Was, Du machst wohl ein dummes Gesicht? Du meinst wohl, das stimmt nicht? Um Dich wär's auch nicht schade, wenn Du krepierst! Jetzt sagst Du sofort nach, was ich Dir vorsage: „Es ist nicht schade, daß mein Junge tot ist, denn um einen Judenbub ist es niemals schade!"

Ich schwieg zuerst, wurde aber durch Drohungen gezwungen, die schändlichen Worte zu wiederholen. – Wir standen in einem Raum und warteten auf die Vernehmung; einer nach dem anderen wurde in das Vernehmungszimmer gerufen, aus dem ab und zu Schreie drangen. Viele, die herauskamen, wankten und trugen die Spuren von Mißhandlungen. Drei Stunden standen wir so, wartend, zitternd vor Wut, Erregung und Angst.

Ich wurde auch hier mehr als die anderen gequält, mit Füßen getreten, verhöhnt und beschimpft. „Isidor, Sahra, Knoblauch, Zwiebel!" – es nahm und nahm kein Ende. Ich fieberte und hielt mich mit Mühe aufrecht.

Als letzter wurde ich vernommen. Es ging besser ab, als ich dachte. Delin sah sich den Ausweis des Nansen-Amtes an und brüllte dann: Du bist auch so ein Völkerbundshund ...Du stehst unter Völkerbundschutz! Auch das noch! Na, wir werden Dich klein kriegen. Raus!"

Draußen auf dem Gang waren meine Leidensgefährten schon angetreten. Als ich hinzukam, verständigten sich einige SA Leute flüsternd, dann kam Delin dazu und gab einen Befehl. Plötzlich wurde mir ein Stück Speck in die Hand gedrückt: „Friß, Du Jude!"

Ich aß und die Braunen waren sichtlich enttäuscht, sie hatten auf eine Weigerung gewartet, um sie als Vorwand für neue Mißhandlungen zu benutzen.

Nun wurden alle Mitgefangenen in ihre Zimmer eingewiesen. Nur ich blieb zurück. „So, komm jetzt mit!" Zwei SA Leute und Delin führten mich die Treppe hinunter bis zu einer Kellertür und stießen mich hinein. Ich sah mich in einem dunklen, fensterlosen Raum, auf dem steinernen Fußboden lag etwas Stroh, ganz oben führte ein Guckloch nach der Treppe, ab und zu beobachteten mich von dorther neugierige Augen. Ein SA Mann schien mich dem andern zu zeigen.

Inzwischen mochte es Mittag sein. Ich wußte die Zeit nicht genau. Uhr und Geld waren mir gleich bei der Ankunft abgenommen worden. Eine halbe Stunde mochte ich im Keller gelegen haben, da holte man mich wieder heraus „zum Exerzieren". Die Mitgefangenen waren schon im Freien angetreten. Ich war nie Soldat, kannte die Kommandos nicht, war ziemlich hilflos. Delin und dessen Adjutant, Baron von Pose, schrien mich und auch die anderen im gröbsten Kasernenhofton an. Auf jeden, der einen Fehler beging, schlugen sie mit langen geflochtenen Lederpeitschen los.

Endlich kam das Kommando zum Einmarschieren. Aber mir galt es nicht, ich wurde zwei SA-Leuten zur „Extraausbildung" übergeben.

Es blieb aber nicht bei zwei Schindern, fortwährend kamen neue hinzu, jeder gab andere Befehle, jeder beteiligte sich an den Beschimpfungen und Quälereien, „Vorwärts Marsch! Hinlegen! Aufstehen! Hinlegen!"

Dann mußte ich mich auf einen hohen, schmalen Stein stellen, auf dem meine Füße kaum Platz fanden. „Rechtsum kehrt!" Ich verlor natürlich das Gleichgewicht und fiel. Schläge mit dem Gummiknüppel, zurück auf den Stein, Schläge über die Fußknöchel – so ging es fort, endlos, wie es mir schien.

Am Ende drückten mir die Quäler unter Hohngelächter eine „Freifahrkarte nach Jerusalem" in die Hand. Die Abbildung zeigt den Text der Vorder- und Rückseite.

Wieder lag ich im Keller. Mein Herz klopfte zum Zerspringen. Daß mir Kellerasseln über die Hände liefen, spürte ich wohl, aber ich rührte mich nicht. Mich dürstete. Den Hunger spürte ich weniger, obgleich ich seit dem Morgen nichts gegessen hatte – von dem erwähnten Stück Speck abgesehen.

„Freifahrkarte nach Jerusalem"

Etwa gegen 5 Uhr nachmittags wurde ich wieder hinauskommandiert. Ich mußte mir einen Eimer und einen zerrissenen Sack holen und wurde dazu kommandiert, einen langen Gang zu scheuern. Wenn ich dabei war, ein Stück Boden zu trocknen, kamen gewöhnlich von rückwärts zwei SA Leute, gossen Wasser über meine Füße und über die eben getrockneten Stellen, so daß ich wieder von vorn beginnen mußte. Das ging etwa vier Stunden hindurch.

Die Mitgefangenen marschierten von der Arbeit herein, gingen in den Waschraum, aßen – und ich scheuerte noch immer. Die weitaus meisten Häftlinge kannten mich persönlich, viele waren bei mir in Behandlung gewesen. Manche wagten es, mir ein paar ermutigende Worte zuzuflüstern, andere wandten sich rasch ab, wenn sie mich sahen und ich merkte, daß sie die Tränen verbergen wollten.

Wenn es in meiner Lage überhaupt einen Trost gab, dann war es der: Menschen in der Nähe zu wissen, die den Sadismus dieser Schinder verabscheuten, die mir gern zur Hilfe gekommen wären, wenn sie gekonnt hätten.

Als der Gang endlich fertig gescheuert war, wurde ich zum Lagerführer Rossig gebracht. Ich mußte vor der Tür warten. Delin kam, ich hatte bereits gelernt und stand stramm, er schlug mich mit aller Kraft ins Gesicht und befahl mir, mich zur Wand zu kehren.

Nach langer Zeit wurde ich zu Rossig hineingerufen, auch während der Unterredung mit ihm mußte ich stramm stehen. Das junge Mädchen an der Schreibmaschine – warum sie 1/2 10 Uhr abends noch arbeitete, weiß ich nicht – bekam einen roten Kopf, als sie mich sah, es war eine frühere Patientin von mir.

Rossig: „Ich habe gehört, Du hast die 100 Mark, die Du bei Deiner Einlieferung bei Dir hattest, der SA geschenkt?" Ich stand stramm und sagte ja – was hätte es mir genützt, nein zu sagen? Rossig: „Da bist Du ja ein nobler Mann! Hast Du noch mehr Geld zu Hause?" „Ungefähr 250 Mark." „Kannst Du Dir das Geld nicht schicken lassen?" „Meine Frau muß Miete bezahlen, sie muß mit dem Kind leben." – „Ach was, wenn Du in Gefangenschaft bist, muß Deine Frau die Miete nicht bezahlen. Wie ist es denn mit den Außenständen?" „Ja, ich habe Außenstände." „Na also, die kann Deine Frau ja eintreiben!" „Meine Frau hat sich nie um die Praxis gekümmert, ich muß das selbst tun."

Damit war das Gespräch beendet, aber ich mußte weiter stramm stehen. Rossig saß breitschlächtig und zufrieden da, aß, trank, rauchte, drehte von Zeit zu Zeit das Radio an. Um Mitternacht wollte er plötzlich meine Frau anrufen und ihr sagen, es gehe mir gut. Um diese Stunde waren seine Augen schon verschwommen, seine Zunge gehorchte schwer. Er ließ sich von mir überzeugen, daß meine Frau durch einen solchen Anruf sehr erschrecken würde und versprach mir in einer plötzlichen Aufwallung von Großmut, er werde sie bestimmt morgen früh anrufen und beruhigen.

Ich weiß bis heute nicht genau, was damals plötzlich in ihm vorging, ich weiß aber, daß er zu jener Art Trinkern gehört, die mitten in den brutalsten Handlungen plötzlich von Sentimentalität gepackt werden können, von einer Tränenseligkeit, die sie beinahe veranlaßt, ihrem Opfer, das sie eben noch peinigten, um den Hals zu fallen. Rossig war früher ein kleiner Gemeindebeamter, wurde wegen Unterschlagung aus dem Amte entlassen, war viele Jahre arbeitslos. Nun avancierte er plötzlich zu einem kleinen Herrgott, das Leben und Sterben von mehreren hundert Gefangenen war in seine Hände gegeben. Gegen 3/4 1 Uhr nachts wurde ich wieder in meinen Keller geführt. Ich fror ohne Decken jämmerlich, an Schlafen war nicht zu denken, alle Glieder zitterten vor Überanstrengung und Kälte.

Am zweiten Tag wurde ich um 5 Uhr früh angerufen: „Komm raus, Du Hund!" Ich mußte zunächst eine halbe Stunde zwischen Kellertür und Wand in einer Ecke strammstehen.

Dann ging es wieder zu Rossig. „Also", empfing er mich, „die hundert Mark werden wir Dir nicht wegnehmen, aber wir brauchen für die Lokomotive, die die Lori zieht, Brennstoff. Den wirst Du bezahlen! Da, quittier mal 20 Mark ab!"

Ich unterschrieb. Aha! Inzwischen war also wohl eine Form gefunden worden, mir das Geld in kleineren Summen und gleichsam auf „legale" Art fortzunehmen.

Wahrscheinlich um mich zu entschädigen, rief Rossig nun wirklich meine Frau an und teilte ihr mit, es gehe mir gut, ich bekäme zu essen (in Wirklichkeit hatte ich noch immer nichts bekommen), ich ließe grüßen. Es war mir lieb, meine Frau etwas beruhigt zu wissen.

Zwangsarbeit, Hunger und Durst

Wieder wurde ich hinter die Kellertür geführt, wo ich von nun an noch sehr oft stand. Dabei hörte ich, wie Gefangene, für die Besuch angesagt war, vorher genau instruiert wurden, wie sie sich zu benehmen hätten. Vor allem wurde ihnen streng untersagt, ihren Verwandten – auch nur durch Mienenspiel – begreiflich zu machen, es gehe ihnen in Königstein schlecht. Wer gegen das Verbot handle, werde nicht nur selbst in Schutzhaft behalten – auch seine Frau würde verhaftet werden.

„Ihr seid Männer! Beißt die Zähne zusammen! Denkt, Ihr seid beim Militär!"

Diese ermunternden Worte klangen aus dem Mund der Peiniger widerlich und hohnvoll. Sie rieten ihren Opfern, die Qualen, die sie selbst ihnen zufügten, „mannhaft" zu ertragen. Alle Gefangenen, die ich später im Hof sprechen konnte, versicherten mir, sie seien im Keller mit Ochsenziemern grauenvoll mißhandelt worden.

Auch an diesem zweiten Tag durfte ich mich nicht waschen, zu essen bekam ich auch nichts. Nur einen Napf voll dünner, brauner Brühe, die man Kaffee nannte, aber keinen Bissen Brot dazu. Nach diesem „Frühstück" mußte ich Schubkarren, Rechen und Schaufel holen und wurde zum Steinbruch geführt, abseits von den andern bekam ich meinen Arbeitsplatz angewiesen.

Neben mir stand ein SA Mann, der scharf aufpaßte, daß ich nicht einen Augenblick innehielt. Die Steine mußte ich in gebückter Haltung zwischen den Füßen durchwerfen. Ehe der Karren voll war, erlaubte mir mein Aufseher nicht, den Rücken gerade zu biegen. Die Sonne brannte an diesem Tag heiß. Durst stellte sich ein, Müdigkeit lähmte die Bewegungen. Die anderen Häftlinge marschierten mittags an mir vorbei zum Essen, – und sie kamen zurück. Ich bettelte um einen Schluck Wasser, aber der SA Mann, der den ersten abgelöst hatte, antwortete mit Fußtritten.

Einige Male wurde ich zum Exerzieren gerufen – wie sollte ich stramm marschieren und die Befehle ausführen, da ich doch vor Ermattung fast umfiel? Es hagelte Schläge.

Zurück in den Steinbruch, zurück an die qualvolle Arbeit – Stunden, Stunden, Stunden. Von früh sieben in glühender Hitze bis abends sieben Uhr ohne einen Bissen Brot, ohne einen Tropfen Wasser. Ob Galeerensträflinge je ärger geschunden worden sind?

Lange nachdem am Abend die andern eingerückt waren, durfte endlich auch ich die Schaufel fortlegen. Ich vermochte mich kaum noch aufzurichten, meine Augen brannten, als wäre Salz hineingestreut worden. Hunger spürte ich längst nicht mehr, nur Durst, entsetzlichen Durst!

Als ich wieder ins Haus kam – waschen durfte ich mich wieder nicht –, wurde ich sofort zu Rossig geführt. Der war gerade in sehr übler Stimmung: „Gestern waren Freunde von mir hier, die kannten Dich. Woher kennst Du denn so viele Leute?"

Ich wies auf meine Praxis als Dentist hin. Das macht ihn noch wütender. Was mochte in ihm vorgehen? Fiel ihm ein, daß er selbst es nie zu etwas gebracht hatte? Aber jetzt mußte er sich doch für einen mächtigen Herrn halten – oder spürte er dunkel, daß seine Herrlichkeit vielleicht nicht lange dauern würde? Damals machte ich mir kaum Gedanken darüber, ich sah alles wie durch einen Nebel, tat mechanisch, was mir geheißen wurde und empfand eine grauenhafte Qual, sonst nichts.

„Marsch – runter in Deinen Keller, aber schnell!"

Kaum war ich unten angekommen, wurde ich wieder zu Rossig geholt: „Paß mal auf, mit Dir haben wir's noch nicht richtig gemacht, Dir müssen wir die Eier noch ganz anders schleifen! Hast Du schon Kniebeugen gemacht? Los! 150mal mußt Du durchhalten!"

Achtzig Kniebeugen brachte ich halb betäubt zustande – dann brach ich zusammen.

Aber Rossig war noch nicht zufrieden. Er zwang mich, auf allen Vieren den Gang auf und ab zu kriechen. Der Adjutant lief hinter mir her: „Schneller! Schneller!" und schlug mich auf Kopf und Nacken.

Ich war dem Wahnsinn nahe, ich schrie, rang nach Luft und hörte nur immer wie von weitem das hämische „schneller, schneller, schneller!" des Adjutanten. Das mag so eine Stunde lang gegangen sein. Andere SA Leute hatten sich als Zuschauer eingefunden.

Endlich durfte ich einhalten. „Jetzt glaube ich, haben wir ihn soweit!" sagte Rossig. Darauf Delin, der auch hinzugekommen war: „Aber unsere Spucke hat er noch nicht aufgeleckt!" Alle spien aus!

Ich mußte den Boden auflecken!

Sie lachten. Ich wußte nicht mehr, was ich tat, ich fürchtete mich nur wie ein Tier vor neuen Schlägen.

Dann zwangen sie mich, auf allen Vieren zum Pissoir zu kriechen und aus der Rinne zu trinken! - - -

Als die Lagerleitung sich an mir ausgetobt hatte, nahm mich die Mannschaft in Empfang. Es war also noch nicht genug der Quälerei. Man brachte mir ein Stück Brot, mit einer dicken Schicht Pfeffer und Salz bestreut, rohe Kartoffelstückchen und eine Flasche Wasser. Ich konnte dieses „Essen" nicht hinunterbringen, es war ja mehr Pfeffer und Salz als Brot. 15 bis 20 braun Uniformierte sahen zu, wie ich mich quälte.

Der Koch, ein grobschlächtiger Rohling, trat auf mich zu: „Guck mal meine Hände an ... ich hab Dir das Essen mit viel Mühe zurechtgemacht..." Da schlug er mich mit der Faust ins Gesicht.
„So jetzt weißt Du, was geschieht, wenn Du nicht frißt, Du Hund. Weißt Du überhaupt, was Du da ißt? Wie heißt denn das?"
„Brot, rohe Kartoffeln, Wasser", erwiderte ich.
Wieder Faustschläge und Fußtritte.
„Wie heißt das? Sag es nochmal!"
„Ja, was soll ich denn sagen?"
„Das ist Rumpsteak, das sind Apfelstückchen, das ist eine Flasche Bier."
Ich mußte den Unsinn wiederholen. „Und das willst Du nicht essen, Du Lump?"

Ich quälte mich weiter, übergab mich, wurde unter Fußtritten gezwungen, „die Schweinerei wieder aufzulecken!"

Jetzt waren die SA Leute in heitere Stimmung gekommen. Sie befahlen mir, russische Lieder zu singen. Ich tat auch das und sang etwa so, wie man aus dem Fieber spricht. Sie tanzten nach meinen Liedern einen Kasatschok und versicherten mir, ich sänge wunderschön.

Wie sie sich da mit roten, lachenden Gesichtern um mich drehten – das war fast noch schlimmer, als ob sie mich schlügen. Das war Wahnwitz. Und mir fielen plötzlich ganz klar die Worte ein, die Rossig und Delin mehr als einmal zu mir gesprochen hatten: „Entweder Du kommst auf den Sonnenstein (die Irrenanstalt bei Pirna) oder Du kommst als Toter runter. Eins von beiden". Jetzt glaubte ich das selbst. Übrigens pflegte Delin noch hinzuzufügen: „Mit Dir machen wir es so, wie wir's schon bei einem gemacht haben, wir scharren Dich ein, zwei Steine drauf und lassen die Gefangenen drauf ausspucken."

Nach dem Tanz durchstöberten die SA Leute meinen Koffer. Sie fanden Zahncreme, Mundwasser und Hautcreme. Das mengten sie, schmierten es auf eine alte Semmel und zwangen mich, das widerliche Gemisch zu essen. Ich übergab mich wieder!

In dieser Nacht durfte ich mich nicht auf das Stroh legen, mußte vielmehr bis zum Morgen hinter der Kellertür stramm stehen. Wenn ich zusammensackte, schlugen die SA Wachen, die neben mir standen, unbarmherzig auf mich ein. Ein Einziger von allen, die einander ablösten, hatte Mitleid, ein Zugführer. Er erlaubte mir, mich zu legen. Es mochte früh gegen 5 Uhr sein. Aber schon zehn Minuten später kamen andere Schinder, schlugen Lärm, bedrohten den Zugführer und rissen mich wieder empor. So stand ich bis 6.20 Uhr.

Für Juden gibt es keinen Sonntag

Der dritte Tag war ein Sonntag. Ein Polizeibeamter in grüner Uniform holte mich zu Rossig hinauf. Der empfing mich mit den Worten: „Weißt Du, daß Du heute früh erschossen wirst? Willst Du Deiner Frau noch was schreiben?"

Nein, ich wollte nichts schreiben, ich wollte nur endlich, endlich Ruhe haben. Der Gedanke an den Tod hatte keinen Schrecken für mich. Rossig und der Polizist, beide mit Gewehren und Revolvern bewaffnet, führten mich in ihrer Mitte zum Schießstand. Dort ließen sie einen Hagel der gröbsten, gemeinsten Schimpfworte auf mich los.

Zweimal schossen die Beiden über mich weg. Dann sagte Rossig: „Weißt Du, Du bist mir zu schmutzig zum Erschießen, hier hast Du einen Revolver, erschieß Dich selber!"

Ich nahm den Revolver, setzte ihn an die Schläfe, drückte ab. Er war nicht geladen. Unter Tritten und Stößen führten mich die zwei zurück. Ich war enttäuscht. So viel ich auch an Frau und Kind dachte – der Tod wäre mir in jenen Augenblicken eine Erlösung gewesen.

Fünfzehn Minuten stand ich etwa hinter der Kellertreppe, da hörte ich einen Ruf: „Holt den Tabaschnik rauf! Der soll in den Steinbruch! Für Juden gibt es keinen Sonntag."

Ich arbeitete bis zehn Uhr, dann wurde ich zum Exerzieren kommandiert. Diesmal mußten alle Gefangenen zusehen, wie ich gequält wurde. Ich mußte mehrmals einen steilen, etwa zehn Meter hohen Hügel hinaufkriechen und im Laufschritt wieder herunterrennen. Ich weiß heute nicht mehr, wie ich das noch ertragen konnte. Ich hatte seit Freitag früh nichts gegessen, kaum etwas getrunken, war auf die grauenhafteste Art gequält worden, und in der letzten Nacht hatte ich nicht einmal schlafen dürfen.

Nach dem Exerzieren wurde ich in den Steinbruch zurückgeholt und brach nun wirklich zusammen. Zwei SA Männer packten mich an der Brust – sie zerrissen mir das Hemd dabei – und schleiften mich über den Erdboden, setzten mir ihre Stiefel so auf's Gesicht, daß der Sand in meine Augen rann und schlugen mich dann mit Peitschen über die Hände, bis das Blut spritzte. Der Schmerz riß mich aus der Betäubung, in die ich gefallen war.

Nun sollte ich große Steine, die sonst zwei bis drei Mann packen müssen, auf die Lori laden. Ich konnte es nicht. „Du faules Schwein, Du stellst Dich bloß so!" Sie schlugen auf mich ein, bis ich schrie. Jetzt kam der Führer der Schupo, die zur Überwachung in Königstein lag. „Warum schreist Du denn so?" – „Weil ich geschlagen werde."

Als Antwort schlug der große, starke Mensch mit auf mich los. „Wirst Du immer noch geschlagen?" – Erst als ich „Nein!" schrie, ließen sie von mir ab.

„Schupo" ist die ordentliche, die Schutzpolizei im Deutschen Reich!

In Begleitung von SA Leuten kamen zwei Gefangene in den Steinbruch marschiert. Die SA Leute meldeten, die beiden seien von allen Schutzhaftgefangenen geschickt worden, um mich zu verprügeln. „Los!" schrien die Braunen ... aber keiner der beiden rührte sich. Sie standen da, schwiegen, sahen mich nur an, und ich las in ihren Augen viel mehr, als sie mit Worten hätten sagen können. „Los!" Wir standen immer noch und sahen einander an.

„Abtreten!" der Befehl wurde ärgerlich gegeben. Die zwei wandten sich ab. Ich weiß nicht, was ihnen um dieser Weigerung willen geschehen ist.

Bis 1 Uhr wurde ich weiter im Steinbruch gequält. Ich mußte mich gegen die schweren, bergab rollenden Loris stemmen, um sie zu bremsen. Mutwillig stellten meine Aufseher die Weichen falsch, so daß ich oft mit dem beladenen Karren wieder bergauf mußte.

Dann wurde ich in das Lager geführt. Wieder brachte mir der Koch ein Salz- und Pfefferbrot, das ich nicht essen konnte. Auch das Wasser brach ich wieder aus – ich war viel zu ermattet, um überhaupt noch etwas aufnehmen zu können.

Inzwischen hatte sich der Himmel umwölkt, bald ging ein schweres Gewitter nieder. Rossig gab Befehl: „Jetzt kommen die Judenhaare herunter!"

SA-Leute schoren mich auf beiden Seiten kahl, kämmten das übrig gebliebene Mittelhaar mit einem schmutzigen Rutenbesen, flochten es und wanden eine Schleife darum. Mir war alles gleichgültig geworden.

Der Hexentanz war nicht zu Ende, den Schindern kamen neue Einfälle. Sie wanden mir um den Leib ein breites schwarzrotgoldenes Tuch, um den Arm eine gleichfarbige Binde, zerschnitten meinen Anzug an den Achseln, setzten Reichsbanner-Achselklappen ein und setzten mir dann eine Reichsbannermütze auf den geschorenen Kopf. Zugführer Ernst verbeugte sich höhnisch: „Hier verehre ich Dir Dein Ideal, die Mistgabel!" – und steckte mir die drei Pfeile, das Abzeichen der sozialdemokratischen Eisernen Front, an den Rock.

Es goß noch immer in Strömen, ich bekam einen alten Besen in die Hand, mußte damit die Pfützen ausfegen. Das war den braunen Zuschauern nicht spaßig genug, sie brachten mir einen Blechlöffel, einen alten Marmeladeneimer und befahlen mir, das Pfützenwasser auszuschöpfen. Wenn der Eimer teilweise gefüllt war, schütteten sie mir das Wasser in den Kragen.

Plötzlich hörte ich Krachen über mir. Ich sah auf – die Fenster des Hauses wurden eines nach dem andern mit wütendem Griff zugeschlagen. Später erzählte mir ein SA Mann, weshalb: die Gefangenen, die zu mir heruntersehen konnten, hatten sich empört, hatten einmütig gegen die Mißhandlungen protestiert, die mir zugefügt wurden.

Ich selbst war nicht mehr zum leisesten Protest fähig. Auch als ich gezwungen wurde, in die Pfützen zu springen, mich darin zu wälzen, wehrte ich mich nicht. Rossig, Delin, die Adjutanten und viele SA Leute standen im Kreise um mich und schüttelten sich vor Lachen. Es dauerte ungefähr zwei Stunden. Am Ende verlangten sie von mir, ich sollte einen Regenwurm essen. Das tat ich nicht. Da zwangen sie mich, erst einen Wurm, dann einen schwarzen Käfer minutenlang im Mund zu behalten. Mir wurde nicht einmal mehr übel. Selbst das Gefühl des Ekels war in mir abgestorben.

Die SA war wieder bester Stimmung. Sie nahm mich in den Gang hinauf, ließ mich russische Lieder singen und tanzte dazu – ausgelassen lustig, als wären sie die harmlosesten Menschen der Welt. Dann stellten sie mich wieder hinter die Kellertür, wie man ein Spielzeug beiseite stellt, mit dem man gerade nichts anzufangen weiß.

Leider kam ihnen sehr bald ein neuer Einfall. Sie banden mir einen alten Sack um den Hals – die schwarzrotgoldenen Binden waren mir inzwischen abgenommen worden –, stülpten mir einen Marmeladeneimer über den Kopf, gaben mir einen Rutenbesen in die Hand und schleiften mich unter Fußtritten und Schlägen zur Wache der grünen Lagerpolizei. Dort sollte ich „Reinemachen". Das Reinemachen bestand wieder nur in Quälereien. SA Leute und Polizisten stießen mich von einer Ecke in die andere, ließen mich mehrmals zum Fensterbrett hinaufspringen und schlugen jedesmal, wenn ich wieder zu Boden kam, auf mich ein, bis sie des Spaßes müde waren und mich hinter die Kellertür zurückschafften. Dort stand ich etwa bis 1/2 9 Uhr.

Jetzt holten sie mich in den Waschraum, ich taumelte wie ein Trunkener. Dort hatte die SA in zwei Reihen Aufstellung genommen. Sturmführer Delin hielt mir vor, ich sei einer deutschen Firma noch Geld schuldig, für jede Mark würde ich einen Peitschenhieb bekommen. Sie jagten mich wie einen Spießrutenläufer durch die Reihen und hieben mit ihren geflochtenen Lederpeitschen von allen Seiten auf mich ein. Ich schrie: „Das ist nicht wahr, ich habe keine Schulden, ich bin kein Betrüger..."

Als sie einen Augenblick von mir abließen, riß ich mich mit letzter Kraft zusammen und gab dem Sturmführer Delin eine Erklärung ab. Irgendein Lump in der Firma Zahndepot Timmel in Dresden hatte mich offenbar im Lager verleumdet. Tatsächlich kaufte ich bei der Firma Timmel seit zehn Jahren monatlich für 300 bis 400 Mark Arbeitsmaterial. Mir war ein laufender Kredit eingeräumt, den ich zu jener Zeit auch in Anspruch genommen hatte. Die Summe, die mir Delin nannte, stimmte auf den Pfennig. Die Schinder ließen sich überzeugen, daß ich kein Schuldenmacher sei, die Schläge hörten auf.

Im Schreibbüro. in das ich nun geholt wurde, stöberte SA wieder einmal meinen Koffer durch. Die Sachen, die ich mithatte, seien zu gut, wie ich zu solchen Wäschestücken käme. Als sie mich lang genug gehöhnt und angebrüllt hatten, fesselten sie mir die Hände mit Stricken, aber ich sprengte die Fesseln. Ich war nahe daran, tobsüchtig zu werden. Sie spürten das wohl, fesselten mich erneut, diesmal mit Riemen. Ich ließ mich, sobald ich wieder im Keller angekommen war, aufs Stroh fallen, hatte aber noch längst keine Ruhe.

Im Ort war Kirmes, viele SA Leute kamen betrunken zurück, und jeder Betrunkene fand sich zunächst in meinem Keller ein, trat mich mit Füßen oder – die Schuhe waren mir ausgezogen worden – kitzelte mich an den Fußsohlen.

In diesen Stunden faßte ich den Entschluß, mir das Leben zu nehmen, diese Qualen gingen über meine Kraft. Der Gedanke, Frau und Kind hilflos zurücklassen zu müssen, machte mir Pein, aber ich wollte, ich konnte nicht mehr leben. Wer weiß, welche Martern mir noch bevorstanden – es war besser, allem ein Ende zu machen.

Gegen Morgen, als ich allein war, gelang es mir, die Riemen an meinen Handgelenken zu lockern und eine Rasierklinge aus meinem Rock zu nehmen, die ich da versteckt hatte. Ich brachte mir drei tiefe Schnitte in den Oberarm bei – ich konnte die Hände nicht frei bewegen. Dann gelang es, die Pulsader am Handgelenk zu treffen. Das Blut schoß in starkem Strahl hervor. Der eine Gedanke ließ mich nicht los: Wird die Welt erfahren, was geschehen ist? Daß ein Mensch, der nichts verbrochen hat, in Deutschland so gequält werden darf? Wird die Welt gegen diese Schande aufstehen?

Bald, zu bald, wie mir schien, tauchten SA Leute an der Türe auf, sie sahen in der Dunkelheit nicht, daß ich über und über voll Blut war, sie führten mich hinauf, befahlen mir, mich hinter die Tür zu stellen. Nach kurzer Zeit lief das Blut unter der Türspalte durch. Man entdeckte meine Verletzung. Sanitäter banden die Ader ab.

Eine Stunde später stand ich wieder im Steinbruch. Der Verband blutete durch, ein neuer wurde angelegt, ich durfte – mit einer Hand weiterarbeiten. Ich drohte umzusinken, riß mich immer wieder empor, um nicht geschlagen zu werden.

Als ich mittags hinter der Kellertür stand, brachte mir ein Zugführer zum ersten Male warmes Essen, er hatte es aus Mitleid für mich gestohlen. Kaum hatte ich ein paar Löffel gegessen, als Delins Adjutant, der Baron von Pose, dazu kam, mir den Napf aus den Händen riß, den Inhalt ausschüttete, und mich anschrie, als hätte ich ein furchtbares Verbrechen begangen.

Ich wurde wieder hinausgetrieben und arbeitete bis abends 7 Uhr im Steinbruch. Es war mehr ein sinnloses Umhertorkeln als ein Arbeiten. Der Blutverlust hatte mir die letzte Kraft genommen.

Ein Versuch der SA Leute, sich abends nach dem Einrücken wieder mit mir zu „amüsieren", verlief kläglich. Das wie üblich gepfefferte und gesalzene Brot aß ich nicht, Beschimpfungen hörte ich kaum noch, selbst die Schläge spürte ich nur schwach, ich war in eine Art Dämmerzustand verfallen, der meine Schinder wahrscheinlich langweilte. Ich hatte noch immer nur den einen Wunsch: zu sterben.

Rossig ließ mich rufen: „Ich habe gehört, Du kannst so schön singen. Sing mal was!" Ich gehorchte, es mag grauenhaft geklungen haben. Rossig bekam eine seiner sentimentalen Anwandlungen: „Weißt Du was? Du bist eigentlich ein guter Kerl!" – Nachdenkliches Schweigen. „Aber mit Euch Hunden muß man ja so umgehen." Wieder eine Pause. – „Heute abend darfst Du zu mir raufkommen, Du kriegst ein Glas Bier." Ich räumte Delins Zimmer auf. Während der Arbeit beschimpften mich Delin und von Pose ununterbrochen: „Judensau, Schweinehund, Isidor..."

Von Delin ging es zu Rossig, der saß mit seinem Adjutanten am Tisch. Es wurden drei Gläser gebracht. In zwei davon wurde Bier gegossen, das dritte blieb leer. Rossig: „Du mußt uns wieder 20 Mark geben, das Öl ist zu Ende!" Ich quittierte ab, stand stramm und schwieg.

Rossig: „In der Mütze vom Reichsbanner scheinst Du Dich sehr wohl zu fühlen. Ich werde Dir eine andere geben."

Er holte eine Rotfrontmütze herbei, die mir viel zu klein war. Ich stand stramm, schwieg, ich sah die beiden Männer Bier trinken, ich war von einem quälenden Durst befallen, wie er sich nach starkem Blutverlust einzustellen pflegt. „Würdest Du Dich freuen, ein Glas Bier zu trinken?" – „Jawohl!" Gelächter!

Ein Glas Wasser wäre mir genau so lieb gewesen – nur etwas Trinkbares wollte ich haben. Aber ich bekam nichts.

Erst nach Mitternacht wurde ich nach langem Strammstehen in meinen Keller gelassen. An Schlafen war kaum zu denken. Ich hatte mir zum ersten Male die blutbefleckten Kleider ausgezogen und lag, mit der Jacke zugedeckt, auf dem Stroh.

Ein SA Mann nach dem andern kam herein: „Guckt Euch den Kerl an! Einen Schlafanzug hat der an!" Und es hagelte Fußtritte.

Am Morgen des Montag das Übliche: Strammstehen hinter der Kellertür, nichts zu essen, nichts zu trinken, keine Erlaubnis zum Waschen, Abmarsch in den Steinbruch. Die Gefangenen waren noch nicht draußen, es mußte also sehr früh am Morgen sein. Erst nach einiger Zeit marschierten sie singend in meiner Nähe vorbei. Ich sah, wie sie mir teilnehmende Blicke zuwarfen und heimlich die Fäuste ballten.

Ich arbeitete, die Sonne stach, ich fühlte meine Gliedmaßen nicht mehr. Delin und von Pose kamen – sie kontrollierten den Steinbruch täglich – und rollten von dem Abhang über mir Steine herunter. Ich mußte stehen bleiben, durfte mich nicht rühren, die Steine fielen auf mich und brachten mir Verletzungen bei.

Diese Quälerei wurde nicht etwa im Zorn verübt – im Gegenteil, meine Peiniger waren an diesem Tage in besonders aufgeräumter Stimmung. Delin schickte mir später sogar zwei Scheiben Brot mit Honig heraus.

Menschen, die im Zorn Mißhandlungen begehen, kann ich noch verstehen, – aber vor diesem Gemisch von guter Laune, Blutrünstigkeit, Sentimentalität, tierischer Rohheit, kindlicher Fröhlichkeit und Quällust habe ich mich ratlos gefühlt. Das waren keine gesunden Menschen, – das waren Verrückte ohne Wärter, und ich war ihnen ohne Hoffnung ausgeliefert.

Plötzlich rückten alle höheren Führer mitsamt der SA an. Sie stellten sich im Halbkreis auf, befahlen mir, kleine Steine nach dem Graben zu werfen, schlugen mich währenddessen mit Peitschen.

Zugführer Ernst stellte sich vor mich hin: „Jetzt wirfst Du nach mir! Du mußt mich treffen!" „Herr Zugführer, ich weigere mich!" „Dann bekommst Du Prügel!" Ich warf an ihm vorbei, er wurde wütend: „Ich werde Dich so sehr prügeln, daß Du nicht mehr laufen kannst, Du Hund!" Ich warf und der Stein streifte seinen Kopf. Da gab er sich zufrieden.

Steinbruch – Exerzierplatz – Steinbruch – Exerzierplatz, so ging der Tag hin. Abends bekam ich einen Topf Kaffee. Ich trank ihn in kleinen Schlucken und fühlte, wie meine Zunge sich nach und nach vom Gaumen löste und wie mich, nachdem der Durst geringer geworden war, die Müdigkeit mit doppelter Gewalt überfiel.

Rossig ließ mich wieder zu sich rufen und verlangte, daß ich ihm den Rest des Geldes über-lassen sollte. Ich willigte natürlich ein. „Du hast doch noch eine Uhr bei uns in Verwahrung, das ist ein schönes Ding, schenkst Du mir die?" Ich stand stramm: „Jawohl!"

Er behielt sie viele Wochen. Nach meiner Entlassung gab er sie eines Tages persönlich in mei-ner Wohnung ab. Vielleicht hatte er sich in der Trunkenheit mit seinem Diebstahl gebrüstet und war angehalten worden, die Beute wieder fahren zu lassen.

In dieser Nacht wurde ich zum ersten Mal in Ruhe gelassen. Ich schlief wie ein Toter.

Am anderen Morgen konnte ich meine Hände nicht mehr gebrauchen. Sie waren von den Steinen bis auf die Knochen zerfetzt. Bis gegen 10 Uhr stand ich hinter der Kellertür, starrte stumpf vor mich hin. Ich glaubte zu träumen, als ein SA Mann höflich zu mir sagte: „Bitte schön! Nimm Deinen Koffer und komm!"

Delin empfing mich mit den Worten: „Wir werden Dir den Rest der Haare herunterschneiden. Hast Du was dagegen?"

Ich hatte nichts dagegen, ich wußte nur nicht, ob man sich aufs neue über mich lustig mach-te – oder ob vielleicht mein Todesurteil endlich gefällt war. Die Haare wurden abrasiert. Dann durfte ich mich nach fünf Tagen zum ersten Male waschen.

Als ich fertig war, wurde ich zu Rossig geholt. Er war nicht allein, sein Bruder, ein Standartenführer aus Dresden, war bei ihm. Er galt für menschlicher als seine Kollegen.

„Wie siehst Du denn aus?" Er sah mich lange an. „Was ist Dir passiert?" „Ich darf nichts er-zählen!" „Mein Bruder sagt mir, Du hast Dich schlecht geführt, wie ist denn das?"

Jetzt wollte ich doch zu sprechen beginnen, aber Lagerführer Rossig fuhr dazwischen: „Ich ziehe das zurück! Er hat sich gut geführt!"

Die beiden gingen, ich hörte von nebenan ein heftiges Gespräch, die Worte verstand ich nicht. Dann kamen sie zurück.

Der Standartenführer sagte mir: „Also, heut nachmittag besuchen Dich Deine Frau und Dein Kind. Bei Deiner Frau kannst Du Dich bedanken, wenn Du heute vielleicht noch entlassen wirst!"

Ich dachte mir, das Nansenamt sei den Herren wahrscheinlich unbequem geworden. Und in dieser Annahme ging ich nicht fehl.

Später blieb ich mit dem Lagerführer wieder allein. Rossig war wie verwandelt.

„Ich sehe, daß Du ein verschwiegener Mensch bist!" Und er bot mir Zwieback und Schokolade an. Dann schärfte er mir ein, daß ich selbst meiner Frau nicht erzählen dürfe, was vorgefallen war. „Die Haare sind abrasiert – gut, im Lager war die Bartflechte! Deine Hand ist verbunden – Du hast Dich im Steinbruch verletzt! Deine Kleider sind schmutzig – das ist von der Arbeit...!" So ging es eine ganze Weile fort, ich erhielt eine regelrechte Instruktionsstunde. Am Ende wurde ich hinausgeführt.

„Tabaschnik!" Ich lief ins Zimmer, stand stramm. Meine Frau und mein Junge saßen ein Stück seitlich auf zwei Stühlen. Ich sah nicht zu ihnen hin, ich war daran gewöhnt worden, den

Kopf weder nach rechts noch nach links zu wenden, meine Knie zitterten. Ich spürte aber deutlich, was geschah: meine Frau erkannte mich nicht – mein Kind erkannte mich nicht.

Als Rossig sagte: „Da steht er ja!" stürzten die beiden auf mich zu, und auch mit meiner Fassung war es zu Ende. Der Junge fiel in einen heftigen Weinkrampf. Rossig, dem die Sache sichtlich unangenehm war, nahm ihn auf den Schoß und versuchte, ihn zu trösten. Meiner Frau gab er die Versicherung, ich würde am gleichen Tag noch ins Krankenhaus überführt werden, was auch geschah.

Als die Beiden gegangen waren, gab er mir von den 100 Mark, die ich bei der Einlieferung hatte, 50 zurück. „Ich gebe sie Dir nicht gern. Wozu brauchst Du sie denn?" – „Ich muß im Krankenhaus bezahlen!" – „Wird Deine Frau nach dem Geld fragen?" – „Ja" – „So..."

Er zögerte ein Weilchen, dann mag er sich an den Auftritt mit seinem Bruder erinnert haben. Ich bekam die 50 Mark, der Rest blieb gestohlen.

Rossig schärfte mir noch einmal ein, ich solle schweigen. „Wenn Du etwas erzählst, laß ich Dich holen, und dann kommst Du lebendig nicht wieder herunter!"

Am Nachmittag hatte ich Gelegenheit, auf dem Hof mit vielen Gefangenen zu sprechen. Sie erzählten übereinstimmend, auch sie seien mißhandelt worden. Im ganzen beherbergte das Lager etwa 200 Häftlinge.

Am Abend wurde ich ins Krankenhaus Pirna eingeliefert. Wieder sauber gewaschen in einem Bett zu liegen, war so erlösend, daß ich die Schmerzen zunächst kaum spürte, obgleich mein Körper furchtbar zugerichtet war.

Eines beunruhigte mich: ich lag wieder in der Zelle mit dem doppelt vergitterten Fenster. Also immer noch Häftling! Und lähmende Angst kroch in mir hoch – würden sie mich wieder in die Hölle Königstein holen? In Fieberträumen erlebte ich all die Schrecknisse des Lagers noch einmal.

Frau und Kind besuchten mich, sie waren aber nur die ersten Male allein. Dann wurde ihnen ein Polizist mitgegeben, so daß wir kein Wort ungestört sprechen konnten.

Als ich nach Tagen das erstemal auf dem Hofe auf und ab gehen durfte, begegneten mir Nationalsozialisten aus dem Ort, die ich kannte. Sie trugen auch an dem Krankenkittel ihre Hakenkreuzabzeichen. Als sie mich sahen, blieben die meisten von ihnen einen Augenblick lang wie erstarrt stehen, dann wurden sie rot und wandten die Köpfe ab. Was mag in ihnen vorgegangen sein? Wie ich zugerichtet war, sahen sie – wer es getan hatte, wußten sie, denn meine Einlieferung ins Lager hatte sich selbstverständlich in dem kleinen Ort rasch herumgesprochen. Schämten sie sich ihrer Parteifreunde? Schämten sie sich sogar ein wenig ihrer selbst? Ich weiß es nicht, ich weiß nur, daß sie, die mich bei meinem ersten Aufenthalt im Krankenhaus ständig gehänselt und gehöhnt hatten, jetzt kein Wort über die Lippen brachten und rasch weiter gingen, als sei ihnen ein Gespenst begegnet.

Am 17. Mai wurde ich nach Hause entlassen. Ich sah die Räume wieder, in denen ich jahrelang gelebt und gearbeitet hatte – und brach aufs neue zusammen. Lange noch lag ich krank. Am Schluß noch einige Worte über das Schicksal des Konzentrationslagers Königstein. Es war ursprünglich als Übergangslager gedacht. Die Gefangenen, die sich in Hohnstein, dem nächstgelegenen großen Lager, gut geführt hatten, sollten noch einige Zeit in Königstein festgehalten und dann entlassen werden. Aber die erste Lagerverwaltung, die mit den

Gefangenen einigermaßen menschlich umging, wurde sehr bald abgesetzt (der Leiter kam sogar in Schutzhaft), an ihre Stelle rückten Lagerverwalter Fuhrmann, Bienert und andere braune SA Führer. Nun begannen die Mißhandlungen. Die Austragung von Privatrachen gehörte zur Selbstverständlichkeit.

Traurige Berühmtheit im Ausland hat das Lager Königstein durch den Fall Gumpert erhalten, der sich unter der Ära Fuhrmann zutrug. Die Ärzte, die Gumperts Leichnam sezierten, taten der SA Leitung nicht den Gefallen, zu lügen. Sie stellten wahrheitsgemäß fest, daß der Mann erschlagen worden war (das alles ist ja von den Zeitungen außerhalb der deutschen Grenzen veröffentlicht worden).

In Pirna erzählte man später allgemein, der nationalsozialistische Untersuchungsausschuß („Uschla") habe Fuhrmann aus der Partei ausschließen wollen. Er schien aber einflußreiche Gönner zu haben, denn er wurde nur ein wenig degradiert und hatte zur Zeit meiner Schutzhaft durchaus die alte Gelegenheit, Gefangene zu quälen. Jetzt bildet er SA aus und sorgt wahrscheinlich dafür, daß recht viele Rekruten ihm, dem Mörder, ähnlich werden.

Kurz nach meiner Entlassung aus Königstein wurde das Lager aufgelöst. Aber niemand möge sich täuschen: die Auflösung eines kleineren Lagers besagt gar nichts. Alle von mir geschilderten Schinder sind noch in Amt und Würden, von einem Zufall hängt es ab, in welchem Lager sie morgen auf Wehrlose losgelassen werden.

Solange es ein nationalsozialistisches Deutschland gibt, werden schuldlose Menschen gefoltert, in den Wahnsinn getrieben, ermordet werden.

Neue Haftandrohung und Flucht

Während der Wochen meiner Genesung lernte ich die neue „Ordnung" gründlich kennen. Die Polizisten gaben einander die Türklinke in die Hand. Einer wollte den Entlassungsschein sehen, – der nächste verkündete mir, ich hätte mich zweimal am Tage auf der Polizei zu melden, – der dritte erklärte mich für verhaftet (die Haft war nur vorübergehend aufgehoben worden), – der vierte hob den Befehl, mich zum Haftantritt zu melden, wieder auf, nachdem drei Ärzte meine Haftunfähigkeit bestätigt hatten. Der fünfte entband mich von der Pflicht, mich auf der Polizei zu melden und verkündete, er werde täglich zweimal in die Wohnung „kontrollieren kommen". Allen merkte man die Verlegenheit an, keiner wußte genau, was eigentlich los war.

Daß ich für jeden Tag Lagerhaft nachträglich zwei Mark bezahlen mußte, erschien mir besonders toll.

Bei diesem Hin und Her und den täglichen Aufregungen machte meine Gesundung nur langsame Fortschritte. Eine Zeitlang mußte ich mich wirklich zweimal täglich auf Stöcken ins Revier schleppen. Für den Weg, der sonst eine halbe Stunde dauerte, brauchte ich fünfviertel Stunden – also war ich an einem solchen Tag etwa fünf Stunden unterwegs. Zu Hause lag ich dann wieder im Fieber, in der Genesung um Tage zurückgeworfen.

Drei Ärzte konstatierten meine Haftunfähigkeit – das entband mich aber nicht vor weiteren Schererei en. Trotzdem meine Frau alle Aufregungen nach Möglichkeit von mir fernhielt und selbst das Schwerste trug, blieb noch genug Belastung für mich übrig.

Das Ende ist schnell erzählt. Sobald ich halbwegs neue Kraft gesammelt hatte, übte ich meine Privatpraxis weiter aus und hatte gut zu tun. Es kamen auffallend viele Deutschnationale zu mir. Einige versicherten sogar, sie hätten von meinem Schicksal gehört und seien davon erschüttert. Neidische Kollegen beobachteten aber scharf, was vorging, und ich zweifle nicht daran, daß sie es waren, die immer wieder auf meine Ausweisung drangen.

Am 11. August 1933 erhielt ich für mich und meine Familie statt der Interimsausweise reguläre Nansenpässe. Meine Frau hatte die Verbindung mit dem Nansenamt während der ganzen Zeit aufrecht erhalten und mir damit wahrscheinlich Leben und Freiheit gerettet. Ich glaube heute noch, daß ich nicht lebend aus dem Lager gerauskommen wäre, wenn ich die deutsche Staatsangehörigkeit besessen hätte. Die Inhaber von Nansenpässen stehen in jedem Lande unter dem Schutz des Nansenamtes. Nach einer internationalen Vereinbarung dürfen Nansenschützlinge nur ausgewiesen werden, wenn sie gegen die Strafgesetze verstoßen haben und von einem ordentlichen Gericht abgeurteilt worden sind.

Die Nansenpässe hatten wir nun – aber ein Einreisevisum in ein anderes Land war schwer zu bekommen. Wir versuchten alles – nichts gelang. Trotzdem mit dem 11. August – also mit dem Tage, da wir die Pässe erhielten – meine Schutzhaft endlich formell aufgehoben war, blieben wir weiter unter scharfer Überwachung.

Ich wurde am 7. September aufgefordert, Deutschland zu verlassen, konnte aber der Aufforderung nicht Folge leisten, da ich nicht wußte, welches Land mir die Einreise gestatten würde. Wir zögerten Monate hindurch, alles im Stich zu lassen und ins Ungewisse zu gehen, versuchten es immer erneut mit Eingaben an das Ministerium, an alle möglichen Ämter, nichts half.

Meine Ausweisung war verfügt von dem Pirnaer Bürgermeister Scheufler. Er ordnete meine Ausweisung an, ohne auch nur den Bescheid des Innenministeriums auf eine noch unerledigte Beschwerde abzuwarten. Scheufler war vor dem Umsturz zweiter Bürgermeister und hielt es mit den Kommunisten, trotzdem er von den Bürgerlichen gewählt worden war. Damals nahm ihm, auf zahlreiche Beschwerden hin, der Gesamtrat des Pirnaer Stadtverordnetenkollegiums das Versprechen ab, das Trinken zu lassen und sich abstinent zu halten. Nach dem Sieg der Nationalsozialisten wurde Scheufler Bürgermeister. Er liegt seitdem nachts oft betrunken mit seinem Kneipbruder, dem Gauleiter Sterzing[245], in Pirna auf der Straße, randaliert und ist in der ganzen Stadt verrufen, gehaßt und gefürchtet. Während seiner jetzigen Amtstätigkeit hat er auf Kosten der Stadtverwaltung nacheinander vier elegante Personenautos zuschanden gefahren.

Da ich mein Schicksal nicht allein von diesem Ehrenmann bestimmen lassen wollte, reiste ich eines Tages selbst ins Innenministerium nach Dresden. Das war im Februar 1934. Bereits am 10. September 1933 hatte das Nansenamt gegen meine Ausweisung Einspruch erhoben, ohne auch nur Antwort zu erhalten.

Im Ministerium führte Oberregierungsrat Dr. Lampert die Unterredung mit mir. Ich machte darauf aufmerksam, daß es nach den internationalen Vereinbarungen doch gar nicht zulässig sei, den Inhaber eines Nansenpasses ohne Grund auszuweisen.

Dr. Lampert: „Was wollen Sie denn als Ausländer in Deutschland? Sie nehmen nur Deutschen das Brot weg!" Ich: „40 Millionen Deutsche leben im Ausland, viele von ihnen sind staatenlos. Wenn die nun alle aus den Ländern ausgewiesen würden, die ihnen heute Asyl gewähren?"

Jetzt wurde dem Herrn die Sache sichtlich unbehaglich. Vielleicht besann er sich darauf, daß in meinem Fall ein internationales Abkommen verletzt worden war. Er sah mich scharf an und schloß das Gespräch mit den Worten: „Für mich hat sich die Sache überhaupt erledigt. Gehen Sie zu Herrn Oberregierungsrat Dr. Grunewald!"

Grunewald versprach mir, sich meines Falles „anzunehmen", aber ich habe später von seiner Hilfe nichts gemerkt.

Endlich Ende März 1934 wurde die Lage unhaltbar. Mir war ein neuer Haftbefehl zugestellt worden, am 10. April sollte ich mich zum Haftantritt melden.

Am 29. März entschlossen wir uns zur Flucht. Auf Umwegen erreichten wir die tschechoslowakische Grenze.

Wir sind ohne Mittel und staatenlos, wir werden versuchen, uns irgendwo auf der Welt wieder eine Heimat zu schaffen.

Die Zukunftsaussichten sind trüb – dennoch sind wir froh, ein Land verlassen zu haben, in dem die Menschenrechte zertreten sind, in dem Sadisten und Verrückte sich an unschuldigen Gefangenen austoben dürfen.

Ilse Fischer, geb. Engler: Mein kleines, unwichtiges Leben
Autorisierter Auszug aus einem Lebensbericht, geschrieben für ihre Töchter.

Was ich empfand, als ich mein Geburtshaus in Pirna an der Elbe, Albertstraße 1b, 1973 wieder besuchte, kann ich kaum in Worte fassen. Wie war es nur möglich, daß meine Eltern in diese enge Kleinstadt bei Dresden verschlagen wurden? Welche Beweggründe, welche Not hatten sie veranlaßt, in diese ihrer Mentalität so völlig fremde Gegend zu ziehen? Sie waren Teil einer Art Völkerwanderung, die viele Juden aus dem Osten zu Beginn des Jahrhunderts erfaßt hatte, und so wurde ich eben zufällig in diesem Pirna geboren. Es hätten auch unzählige Orte irgendwo in der Welt sein können.

Ich sehe meinen Vater vor mir. Er ist meine jüngste Kindheitserinnerung: ständig schwarz gekleidet, mit Hut und weißem Bart. Nie erschien er mir jung. Die kurze Zeit, in welcher ich ihn erlebte, war er krank, ein Asthmatiker im fortgeschrittensten Stadium. Er versuchte, mir das Alef-Bes[246] beizubringen, die einzigen Versuche in meiner Kindheit, mich ins religiöse Judentum einzuführen. Er war ein sehr frommer Mann und paßte in seine Umgebung wie ein Eremit in eine hektische Umwelt. Er war kaum fähig, mit den elementarsten Anforderungen fertig zu werden, eine Familie, wenn auch noch so bescheiden, zu ernähren. Und dann sah ich ihn

Ilse Fischer, geb. Engler, mit Tochter Sylvia im Sommer 1996 in Hannover

bleich und tot in seinem Bett, das er zuletzt kaum noch verlassen konnte. Damals konnte ich den Tod noch nicht begreifen; es war irgendetwas Fremdes, Unheimliches, Angst Einflößendes. Ein Leben, welches sich fast nur auf der Schattenseite befand, war verlöscht.

Meine Mutter
Sie war eine einfache Frau und stammte aus einer dörflichen Gegend. Nie war sie der deutschen Sprache mächtig, aber ich empfinde sie in meiner Erinnerung klüger als alle noch so intelligenten und studierten Menschen; denn ihre Herzenswärme überstrahlte ihren Mangel an elementarstem Wissen. Sie war für mich Wärme, Schutz, Halt und alles Positive, was es im Leben nur geben kann. Sie ist immer in mir, und ihr Wort, ich sei in einer Glückshaube geboren, gibt mir fast immer Zuversicht, Hoffnung und Optimismus, daß es irgendwie gut gehen muß.

Meine Schwestern
Anna: Die Kluge, die Verhaltene, die so etwas wie Vater-Mutter-Stellvertretende. Mit trockenem Humor, der oft Gescheite, Bescheidene auszeichnet. Sie war nicht hübsch, aber wer näheren Kontakt mit ihr hatte, sah Schönes in ihr. Anna und ihre Ehe: Man kann sich kaum etwas Gegensätzlicheres vorstellen als ihren Mann Hersch und sie, aber auch in jeder Beziehung. Er sah gut aus und war auch auf seine optimistische Art gut. Sie kamen beide aus völlig verschiedenen Richtungen. Sie, in Deutschland aufgewachsen, klug, intelligent, geistig

vielseitig interessiert. Er, aus Kolomya in der Bukowina, einfach, gutmütig, Schneider – aus einer Anatevka-Atmosphäre.[247] Einen Sohn hatten sie, Joachim, geboren am 19. 03. 1935. Alle kamen sie um im Zuge einer sogenannten Aussiedlungsaktion.

Marie: Die überaus Gutmütige, Fleißige, Saubere und – so Leichtsinnige. Allen wollte sie geben. Sie wollte geben, was sie nicht hatte, also nahm sie es von der Mama und teilweise auch von mir, wenn sie gesammeltes Milchgeld bei mir witterte. Sie nahm es, um mit dem Geld im Café Astoria Kuchen und Eis zu kaufen. Kurz vor Hitlers Machtübernahme tauchte sie als „Freidenkerin" unter und nahm in Kötzschenbroda die Stelle einer Servierin an. Sie arbeitete, verdiente gut und gab wieder alles für andere aus. Als ich nach Lemberg ging, war sie noch unverheiratet. Spät und kurz währte ihre Ehe mit einem Konfektionär aus Frankfurt a. d. Oder namens Köln. 1941 wurden sie, ihr Mann, dessen Schwester und Schwager ins Warschauer Ghetto evakuiert, wo sie alle ein paar Monate später am Fleckfieber zugrunde gingen. Sie liebte mich, sie pflegte mich, aber zur Erziehung trug Anna den größten Teil bei. Vor ihr hatte ich Respekt; wenn sie mich akzeptierte und lobte, war ich stolz.

So wuchs ich auf: in Armut und trotz des frühen Verlustes meines Vaters in familiärer Wärme. Ich habe leider keine heimatlichen Gefühle; wohl bedingt dadurch, daß uns die Jahrtausende der Verfolgung im Blut liegen und wir uns nur dort heimisch fühlen können, wo man Antisemitismus nicht einmal wittert.

Schülerinnen der Höheren Mädchenschule Pirna 1932 beim Wandertag, 5. von links: Ilse Engler

Im März 1933 bekam ich den Abschluß der Mittleren Reife. Es war auch der äußerste Zeitpunkt, denn etwas später hätte ich sicher die Schule verlassen müssen. Die Toleranz der Lehrer war bei der Überzahl so gut wie null; es waren fast alle kleinstädtisch-bürokratische Typen, die zum Nazismus tendierten, außer Dr. Dietze und Frl. Scheibe.

Als Sechzehnjährige begann ich in der Villa Lack-Heß, Postweg, als Hausmädchen, da jüdische Familien laut Gesetz nur Christinnen über 45 Jahre beschäftigen durften. Es war keine schlechte, aber eine unpersönliche Atmosphäre, und ich kam zum ersten Mal mit für meine Begriffe großem Luxus in Berührung. Die Einrichtung dieser Villa war für die damalige Zeit kostbar, nicht neureich, sie strahlte einen fast geschichtlichen Reichtum aus. Frau Heß war eine vornehme, kultivierte Frau, und ihre beiden Töchter wurden völlig unsnobistisch erzogen. Aber wenn ich in unsere gemütliche Wohnung zu meiner Mutter eilen konnte, kam ich in die Wärme und Geborgenheit, dorthin, wo ich meinen schwindenden Möglichkeiten, meiner geplanten und erstrebten Zukunft nachweinen konnte. Das machtlose, ja geradezu trauernde Verständnis meiner Mutter half mir immer wieder, den Hausmädchenposten vorerst weiter auszuführen.

Dann kam die zweite Stelle: Glaubers in Dresden-Wiesenau. Er, ein feiner gütiger Mensch, Direktor der Kodak-Werke. Sie, eine exzentrische, hysterische, eitle Person, die ihrem Mann das Leben zur Hölle machte, die sogar neidisch auf meinen Stolz war, einen Stolz der Armen, sich unterdrückt Fühlenden. Ich verweigerte die Annahme von Trinkgeld von Gästen, denen ich in die Mäntel half. Sie stellte mich bewußt auf die Stufe der Arbeiten-Müssenden, was für sie so etwas wie asozial war. Nachdem mich meine Mutter dort besuchte und mich noch spät abends am Waschtrog stehend angetroffen hatte, nahm sie mich kurzerhand nach Hause, und das kärgliche Brot empfand ich wie einen Leckerbissen.

Die dritte Stelle: bei Artur Pick in der Rosenstraße in Dresden. Als Feinkostgeschäft klang das etwas großspurig. Denn ich verkaufte dort Kartoffeln aus Säcken und Heringe aus großen Fässern. Damals, 1934, herrschte ein harter kontinentaler Winter. Ich war ein dünnes, unterernährtes Mädchen. Mir platzten vom Frost die Finger auf. Die Fersen bekamen starke Frostbeulen, so daß ich nur in übergroßen Hausschuhen gehen konnte. Aber ich will nicht nur die negativen Seiten beschreiben. Ich aß so ziemlich erstmalig alles, was ich wollte, ohne irgendeine Beschränkung. Ich durfte täglich reichhaltige Lebensmittel mit heim nehmen. Meine Mutter kam jedesmal hektisch mit Zeitungspapier angelaufen, welches sie auf den Fisch legte, denn sie wußte, sobald ich die Wohnung betrat, daß ich nichtkoschere, trefene[248] Dinge mitbrachte. Sie konnte es aber nicht übers Herz bringen, mir den nahrhaften Genuß zu verwehren – ein großer Entschluß, da sie einer seit Generationen streng religiösen Familie entstammte. Aber ich sorgte auch für sie, indem ich ihr für sie verwertbare Lebensmittel brachte. Artur Pick war ein seriöser, bürgerlicher, sehr korrekter deutscher Jude, der die Lebensmittelbranche von Grund auf gelernt hatte. Er stammte aus Ratibor/Oberschlesien, wuchs in Breslau auf und bestand in meiner Erinnerung vorwiegend aus Fleiß. Nach Dresden kam er versetzungshalber in die EHAPE (KEPA). Von dort machte er sich trotz Nazizeit selbständig, und zwar mit Erfolg. Das Geschäft in der Rosenstraße lag in der Nähe eines Prostituiertenviertels, dessen Bewohner nachweislich, weil selbst verfemt und verfolgt, gutmütige, großzügige und soweit möglich tolerante Kunden waren. Der Hauswirt: Ein homosexueller Kohlenhändler, der keine Spur von Böswilligkeit besaß, der mich durch seinen, wohl veranlagungsbedingten, chronischen Stimmbruch stets zum Lachen brachte, was er aber nie übel nahm. Als mich Artur im März 1934 fragte, ob ich seine Frau werden wolle, überraschte es mich sehr, da ich vorher nie irgendwelches Interesse seinerseits in dieser Richtung verspürte. Völlig aufgescheucht und verwirrt besprach ich diese Frage mit meiner Mutter. Ich kann und will es nicht Berechnung nennen, daß ich mein Jawort gab. Ausschlaggebend war die totale Misere, in welcher wir uns befanden; und die einzige Möglichkeit für alle jüdischen Jugendlichen, der völligen Auswegslosigkeit zu entrinnen war, auf Hachsharah[249] nach Israel zu gehen. Letzteres wollte ich keinesfalls, nur um meine Mutter nicht verlassen zu müssen. Also verlobte ich mich an meinem Geburtstag 1934, mit siebzehn Jahren. Mein Leben veränderte sich vorerst nicht. Einige Monate später entschloß Artur sich, zurück nach Breslau zu gehen, um dort in der Gartenstraße ein Feinkostgeschäft zu eröffnen. In der Zwischenzeit blieb ich daheim und befand mich öfters in Dresden. Einmal war ich in Breslau und besuchte auch seine Schwester in Ratibor. Nicht lange danach bemühte sich Artur für uns beide um Einreise nach Südafrika. Vorher wollte er heiraten. Als ich wiederum vor die Alternative gestellt wurde, meine arme Mama zu verlassen, weigerte ich mich auszuwandern.

Es kam Rosh-Hashana[250] 1936 (Oktober). Meine Mutter rüstete und bereitete sich vor, für ein paar Tage mit mir nach Dresden zu fahren, um wie jedes Jahr in der Sporergasse zu beten. Auch wohnten wir wie immer bei der Familie Schwarz in der Wettiner Straße. Herr Schwarz war einer der besten Freunde meines Vaters, und auch wie er chassidisch[251] fromm. Wie bei der jüdischen Jugend üblich, standen wir meisten vor dem Betraum – und da traf ich Arno Altbach wieder.

Ich hatte ihn im Königscafé in Gegenwart von Artur kennengelernt. Ich schreibe den Namen Altbach absichtlich, da er mir besser gefällt als Fischer. Letzteren Namen mußte Arnos Vater annehmen, weil fast alle Juden vom Osten nur durch Chuppa[252] getraut waren und die Behörden so geschlossene Ehen als ungültig erklärten. Also war Arnos Vater sozusagen unehelich und mußte den Mädchennamen seiner Mutter annehmen.

Arno: Als er sich mit mir verlobte, sagte man in Dresden in unseren Kreisen: Sie hat git gedawenet (Sie hat gut gebetet). Wir heirateten standesamtlich am 15. 7. 1937, die Chuppe wurde am 25. 7. 37 im jüdischen Restaurant bei Herrmann gestellt. Kantor Hofmann traute uns nach jüdischem Ritus.

Arno und sein Bruder führten zu dieser Zeit in der Großen Brüdergasse noch einen lukrativen Zigaretten-Großhandel. Ich half mit und war auch täglich mit im Geschäft. Trotz der Boykottmaßnahmen erreichte Arno noch die drittgrößte Umsatzquote. 1938 verkaufte er den Großhandel an Melcher, Bad Schandau. Das Geld wurde auf Sperrkonto konfisziert.

Unsere Odyssee

Es kam der 27. Oktober 1938: Ein Chaos, ein Desaster, ein Unglück; es gibt kein Wort dafür, um das Geschehene zu beschreiben. Ich wurde abgeholt und kam zusammen mit den Schwiegereltern in einen Schulsaal in der Blumenstraße. Von dort wurden wir in Viehwaggons verfrachtet. Es gelang mir vorher noch, in Pirna bei Dr. Jakob anzurufen, um meine Mama zu verständigen. Bis zur letzten Minute meines Lebens sehe ich von den Waggons aus meine Mutter an der Bahnsteigsperre stehen.

Einem etwas menschlich angehauchten Beamten habe ich es zu verdanken, daß ich nochmals in die Arme meiner Mutter eilen konnte. Ich glaube, es bedarf keiner Worte, um die Abschiedsmomente zu erklären.

Arno befand sich zu dieser Zeit in Lemberg bei Verwandten. Wir wurden bei Beuthen über die Grenze getrieben. Die Polen jedoch wollten uns nicht und schickten uns wie Vieh zurück. Die Deutschen empfingen uns mit Schreckschüssen. Wir befanden uns auf Niemandsland und meinten mit Sicherheit, unsere Stunden wären gezählt. Dann kamen wir doch auf polnischen Boden. Wir wurden von polnischen Juden, die schon von dem Vertreibungsunglück erfahren hatten, mit Essen und Trinken gelabt und erfrischt. Auf einmal stand Arno vor uns. Er war von Lemberg herbeigeeilt, um uns zu finden. Noch heute und immer werde ich das Gefühl nicht vergessen, welches ich bei seinem Anblick empfand. Er war die personifizierte Sicherheit, Güte, Liebe, die Rettung, und so ist es eigentlich in etwa immer geblieben. In der folgenden und in der Kriegszeit war diese seine Ausstrahlung die Rettung, nicht nur für mich, auch für mehrere Menschen, die mit ihm Kontakt hatten.

Von der Grenze aus fuhren wir mit den Schwiegereltern nach Lemberg. Arno und ich wurden von Onkel Simon und Tante Dora aufgenommen, die Schwiegereltern von Phillip und Jenny. Wenn wir in unserem dumpfen Schmerz überhaupt etwas fühlten, so war es die echt menschliche Wärme der Verwandten. Sie taten das Möglichste für uns, und wir hatten noch Glück, im Gegensatz zu den vielen anderen, bei der Familie untergekommen zu sein. Ich fuhr besuchsweise zu Anna nach Kolomya, wohin auch meine Mutter aus Pirna evakuiert war. Wieder erlebte ich die geradezu klaffenden Gegensätze von Anna und Hersch; inmitten dieser Atmosphäre lebte Bubi (Joachim) sein winziges kurzes Leben.

Als am 1. September 1939 der schrecklichste aller Kriege ausbrach, wurde schon in der ersten Stunde Arno das Leben geschenkt, weil er den Bruchteil einer Minute die Kreuzung von der Grödeska zur Kashdeleinska (Wohnung der Eltern) überquerte, bevor die erste Bombe krachte, die schon sehr viele Opfer forderte.

Das Chaos dauerte an, bis kurz darauf aufgrund des russisch-deutschen Nichtangriffspaktes den Russen das Gebiet bis zum Bug überlassen wurde. Also war vorerst für uns der Krieg beendet. Arno und der Schwiegervater suchten sich sofort eine Arbeit, und fleißig, wie beide waren, ernährten wir uns alle ganz gut. Ich wollte aufs Konservatorium. Meine Stimme war damals sehr gut, sodaß ich eine Freistelle bekam. Aber es scheiterte an meinen fehlenden Sprachkenntnissen. Man legte damals auch mehr Wert auf politische und konstitutionelle Kenntnisse als auf das Talent. Das war also mein letzter Versuch, ins musische Fach zu kommen. Wir lebten damals monoton, aber zufrieden; wir waren ja alle zusammen. Ein sehr guter Freund war uns Arnos Cousin Bondi, Phillips und Jennys Sohn, ein strahlend liebenswerter, guter Mensch mit allerhand schauspielerischen Flausen im Kopf. Nicht vergessen kann ich die Verwandten, die ich nur kurz skizzieren will: Phillip, sehr ansehnlich, sehr gütig, der uns oft unbemerkt Taschengeld zuschob, um uns nicht zu beschämen. Jenny, die Gütige, Kraftvolle, eine frühere Schönheit. Simon, auch gut, aber äußerlich nicht sehr bemerkbar; Dora, seine Frau, auf die er sehr stolz war – er strahlte nur, wenn er sie ansah! Die drei Töchter: Sara, Andra, Genia – sehr gut veranlagte Mädchen. Luscha, Jennys Nichte: ich sehe sie am Webstuhl stehend, magenkrank, fleißig, zäh, mich bewundernd, ganz gleich, was ich tat. So lebten wir noch ruhig, nicht ahnend, was uns an Schrecklichem erwartete.

Wir empfanden es allerdings alles andere als positiv, unter russischer Herrschaft zu leben. Hätten wir aber in die Zukunft sehen können, wäre es uns paradiesisch erschienen.

22. Juni 1941

Der Nichtangriffspakt wurde von den Deutschen gebrochen. Arno machte in der Kartonnagenfabrik, wo er arbeitete, bis spät nachts Überstunden; ich verging fast vor Unruhe, als die Panzer vor unserer Wohnung vorüberdröhnten. Endlich kam Arno, und immer, wenn er bei mir war, schwand meine Angst. Die Deutschen besetzten das vorher von den Russen okkupierte Gebiet. Uns beherrschten Uniformen, Hakenkreuze, SS, SD, Angst und Schrecken, Sonderkommandos, Todeskommandos, Armbinden mit dem Davidstern, Kontributionserlasse: das bedeutete Hergabe sämtlicher Wertgegenstände, Aussiedlungsaktionen, das hieß, Vernichtungsaktionen.

Unter diesen Schreckensumständen wurde am 20. August 1941 Renate geboren. Ein sehr humaner deutscher Offizier, der im gleichen Hause Quartier bezogen hatte, brachte mich ins Krankenhaus. Unter den menschlich und hygienisch unmöglichsten Umständen kam das Kind zur Welt; damals ein Glück, daß es ein Mädchen war, denn selbst unter bedrohlichen Situationen hätten wir einen Sohn beschneiden lassen. Das Judentum hat sich durch Jahrtausende seine unerschütterliche Tradition erhalten. Unfaßbar, wer dieses Gesetz bricht! Nun weiter zu Renate. Es war ein süßes hellblondes Kind. Wir hängten ihr ein kleines Schild um, worauf ihr Geburtsdatum, Name und Herkunft standen, denn wir lebten in stündlicher Angst, auseinandergerissen zu werden.

Vielleicht, so dachten wir, würde sich eine menschliche Seele des kleinen unschuldigen Würmchens annehmen. Wir hatten einen Schutzengel. Arno arbeitete bei der Luftwaffe und erwarb sich die Sympathie des Hauptmanns Geistert. Er holte Renate und mich anläßlich einer Massenzusammentreibung und Vernichtungsaktion in die Kaserne und versteckte uns. Ich mußte Renate oft den Mund zuhalten, damit ihre kindlichen Laute uns nicht verrieten.

Oktober/November 1942

Wegen immer stärkerer Gefährdung mußten wir aus Lemberg weg. Renate übergaben wir an Hella Tita, eine Polin, die sie dann weiter dem katholischen Felicianerorden anvertraute. Das

Kind wurde getauft und gerettet. Nie, bis zum jüngsten Tag, werde ich den Abschied vergessen, und immer sehe ich Arnos guten Vater vor mir, der sich verzweifelt wünschte, nochmals Renate sehen zu können. Aus Renate wurde Renia Tarsonska. Zu dieser Zeit war meine Mutter schon ins Massengrab gewandert, Herrsch verschleppt, und von Anna erhielt ich die letzte Nachricht, daß sie mit ihrem fiebrigen Kind aus der Wohnung vertrieben wurde. Auch Mariechen ging mit ihrem Mann und Verwandten im Warschauer Ghetto an Flecktyphus zugrunde.

Nachdem wir Renate nochmals, letzmalig vor unserer Flucht gesehen hatten – unvergeßlich ist unsere damalige seelische Erschütterung – begann unsere erneute, ganz andere Odyssee. Wir besorgten uns gefälschte volksdeutsche Papiere, d. h. Arno tat es. Den deutsch klingenden Namen, den wir glücklicherweise hatten, behielten wir. Nur Geburtsorte und Herkunft wurden verändert. Herr Geistert gab uns ein Schreiben an seinen Freund mit, einen Hauptmann oder Major, der ca. 500 km vor Stalingrad stationiert war und bat ihn, uns weiter zu helfen.

Mit einer Kolonne Lastwagen, die Nachschubmaterial aller Art für die Front geladen hatten, ging die waghalsigste und todesumwitterste Fahrt unseres Lebens los. Die Fahrer kannten Geistert, deshalb nahmen sie uns mit. Wenn Wehrmachtsstreifen kamen, versteckten sie uns. Sie gaben uns Essen und trugen sogar unsere in Eimern getätigten menschlichen Bedürfnisse hinaus. Wenn ich dies niederschreibe, meine ich, alle diese Erlebnisse trugen sich in einem früheren Leben zu, nicht in diesem! Es ist heute nicht zu fassen und zu glauben, daß wir in unserer Not Menschen für uns hatten, die uns halfen.

So kamen wir im Oktober 1942 nach Dnjepropetrowsk, unserer ersten Station. Der Dnjepr ist ein breiter Strom. In Winniza und Kiew waren wir von Partisanen umgeben, die uns jede Minute hätten töten können. Wir mußten den Laster verlassen – und waren verlassen. Aber Arno wollte unbedingt zu dem Freund von Geistert, der Hilfe wegen, aber bis dorthin war es noch weit. Per Anhalter ging es weiter nach Stalino. Wir tarnten uns als Volksdeutsche, die zu einer bestimmten Einheit wollten. Unterkunft fanden wir bei einer Prostituierten, die wahrscheinlich, den Fotos an den Wänden nach, eine Jüdin war. Ich schlief mit Arno auf einer schmalen Pritsche. Einmal kam die Wehrmachtsstreife. Sie beleuchteten uns mit einer grellen Lampe und meinten: „Laß ihnen das Vergnügen." So entgingen wir wieder einmal der tödlichen Gefahr, der Enttarnung.

Weiter ging es nach Rostov, um zu dem Freund von Geistert zu gelangen, von dem wir die rettende Hilfe erwarteten. In Rostov gelangten wir zur Don-Brücke, die zentimeterweise bewacht und abgesichert war.

Arno fuhr mit einem Laster als Hilfswilliger über die „Todesbrücke". Als er am anderen Ufer ankam, und Geisterts Freund suchte, war der nicht anwesend, Heimaturlaub oder Ähnliches. Ich wartete auf Arnos Rückkehr wie eine Sterbende, die sich an einen Strohhalm klammert. Wer ein Atheist ist, fängt an, an Gott zu glauben. Solch ein Wunder war Arnos Wiederkommen zu mir. Ich saß in einer Bauernkate, deren Bewohner mir gekochte Mäuse zum Essen anboten, so groß war der riesige Hunger. Arno kam, die Gefahren, die er durchstand, sind nicht zu beschreiben.

Wir fuhren gemeinsam nach Nishnednjeprowsk, und dort blieben wir. Die vielen Gefahren, bis wir dahin gelangten, will ich nicht mehr beschreiben, unter anderem: Ich wollte mir die Haare herausreißen und vom Laster springen. Im Alter von 25 Jahren war ich dem Wahnsinn nahe! Nur Arno hat mich immer wieder gerettet.

Organisation Todt

Dort fanden wir beide Arbeit – als Hilfswillige (Volksdeutsche), ich in der Zahlmeisterei, Arno als eine Art Hausmeister, der überall einsprang. Wir lebten eine Zeit ziemlich ruhig und wiegten uns in einem gewissen Gefühl der Sicherheit – bis der Obergruppenführer Rottmann die „Todesbühne" betrat. Er witterte mit dem 6., fast schon 7. Sinn, daß mit uns irgendwas nicht stimmte. Es war der hellhörige Sinn des Super-Antisemiten. Eines Tages rief er Arno und verlangte von ihm und mir den „arischen Nachweis". Nur ein Gott stand Arno zur Seite. Er antwortete unerschrocken und kaltblütig: „Geben Sie mir einen Marschbefehl, damit ich in meine Heimatstadt (fingiert: Thom bei Danzig) reisen kann, um die Unterlagen zu beschaffen."

Diese Ruhe irritierte Rottmann. Ich bekam Panik und wollte unbedingt mit. Arno meinte mit Recht, daß ich damit den Verdacht nur anheizen würde. Arno wollte nach Odessa, um eine vorläufige Bleibe für uns zu schaffen. Er meinte, wenn ich ohne Gefahr nachkommen könnte, sollte ich es tun; wenn nicht, würde er mich holen. Meine diesbezüglichen Bemühungen waren hektisch, angstvoll, und somit fiel ich auf. Als ich quasi schon auf den gepackten Koffern saß, kamen Bertemann und Rönnebeck in meine Bauernkate. Da ich sah, daß ich verloren war, half mir nur das Eine, nämlich die volle Wahrheit zu sagen. Diese beiden überzeugten Nazis hatten noch einige Funken Menschlichkeit in ihren Herzen und ihrer Seele! Sie taten das Einzige, was sie in der Lage waren zu tun: sie schwiegen, sie verrieten mich nicht. Also blieb ich und hoffte, ähnlich wie in Rostov, auf meinen Arno.

Er kam: Eines Nachts klopfte es an mein Fenster. Er hatte einen Bauern mit Pferd und Schlitten ergattert, um mich in einer verschneiten Winternacht zu holen. Wir fuhren bis zur nächsten Bahnstation, Grigoreskin (18 km), übernachteten in einem Waggon, in steter Angst vor Häschern. Am Morgen zottelte der Bummelzug ca. 40 km bis zu einer Hauptstraße, von dort fuhren wir per Anhalter nach Odessa.

Odessa

Arno hatte schon eine Unterkunft vorbereitet. Wir mußten schnellstens bei einer sich zurückziehenden Einheit arbeitsmäßig unterkommen. Es ging um Leben und Tod, denn wir lebten wie Freiwild. Arno fand ziemlich schnell Arbeit bei einem Lazarett, welches sich ins Hinterland nach Ismaila (Bessarabien) zurückzog.

Ich indessen fand nichts, und ich war der Verzweiflung nahe, denn Arnos Einheit fuhr in einigen Stunden ab. Niemals werde ich vergessen, wie ich in panischer Angst zu Arno eilte, in der Annahme, er wäre schon weg und hätte mich in dem Inferno allein gelassen. Er muß wohl meine drohende Verzweiflung gemerkt haben, daß er sich sogar von mir gefährdet sah. Er sagte in etwa: „Ilse, gehe nochmals los und suche, suche, suche! Ich bin noch da!" Er hätte mich bestimmt nicht allein gelassen.

Da, ein Wunder in letzter Minute geschah: Ein Frontlazarett, in einer Schule untergebracht, suchte dringend eine Schreibhilfe (Zahlmeisterei). Sie fragten mich nicht, wieso ich so gut Deutsch könnte, sie fragten gar nichts, nur da bleiben sollte ich. Ich lief strahlend zu Arno, der in der nächsten Minute „beruhigt" abfahren konnte. Ich sehe es noch heute vor mir: Es war eine Art Fiakerkutsche mit zwei Pferden, die ihn zu seiner neuen Einheit brachte. Ich sah ihm nach, bis er meinen Blicken entschwand, völlig ungewiß, ob wir uns jemals wiedersehen würden.

Ich begann meine neue Tätigkeit im „Feldlazarett 17", 30 km hinter der Front, mit dem Chefarzt Dr. Dörffler. Dieses Lazarett versorgte zuerst die Verwundeten. Blutjunge Männer, fast noch Kinder, lagen mit abgeschossenen Armen und Beinen und sonstigen Verletzungen in den Gängen. Ich stolperte fast über sie. Sie baten stöhnend um Wasser. Ich tat damals, was in meiner Kraft lag. Ich mußte den Sold auszahlen, den ich an die Betten der Verwundeten brachte. Die sahen damals eine Art Engel in mir. Wenn ich den Krankensaal betrat, winkten mir einige mit lachendem Gesicht und ihren schon amputierten Armstümpfen zu.

Die Russen stießen immer weiter vor und trieben Keile in die deutschen Einheiten. Auch unser Lazarett floh mit den „Sankern" (Lazarettwagen). Der Umsicht Dr. Dörfflers hatten wir es zu verdanken, daß wir uns fern der Rückzugsstraße zurückzogen, quer durch Wälder und Partisanengebiete, bis nach Reni, auch in Bessarabien, ca. 40 km von Arno entfernt. Dort befanden wir uns länger. Landschaftlich war es ein sehr schönes Gebiet, und wir schwammen in der Donau. Wir erlebten den 20. Juli 1944 dort, und ich bemerkte mit Genugtuung, daß ein großer Teil der Offiziere bedauerte, daß das Attentat auf Hitler mißlungen war.

Mit Arno konnte ich nicht in Verbindung treten, weil wir uns nicht wagten, über die Feldpost zu schreiben. Wir waren also heimlich nicht so weit voneinander entfernt, und doch war jeder wie auf einem anderen Stern. Nach einigen Wochen einer gewissen Ruhe ging der Rückzug weiter bis nach Dej in Siebenbürgen. Dort zeltete unser Lazarett auf einer großen Wiese. Dort begann für mich die Endphase meiner Odyssee, und es wurde die gefährlichste Phase. So kurz vor Kriegsende lief ich Gefahr, es doch nicht zu überleben: Der Chefarzt beschloß nun, da er die völlige Niederlage kommen sah, alle Hilfswilligen abzugeben, um die Personenzahl zu reduzieren. Wir sollten in das Dulag (Durchgangslager) kommen, um von dort nach Deutschland geschickt zu werden. Letzteres bedeutete für mich das Ende, denn dort hätte ich mich nicht mehr tarnen können.

Oberfeldwebel Schneider rettete mich, indem er mich mit anderen Hi-Wi's[253] zwar ablieferte (listenmäßig, wie Ware), mich aber nach dem Registrieren unbemerkt wieder mit hinausnahm. Da ich nicht mehr ins Lazarettlager zurück konnte, lief ich völlig verloren durch die kleine Stadt und ging wahllos in Geschäfte und Häuser, wo ich jüdische Namen las (z. B. Katz, Kohn usw.). Niemand war da, denn sie wurden doch alle von den Ungarn und Deutschen evakuiert, in KZ's und zu Zwangsarbeiten. Schließlich las ich vor einer Tür einen ungarischen Namen, Dr. Tibór, oder so ähnlich. Da ich nichts mehr zu verlieren hatte, klingelte ich, und eine sehr junge, sehr freundliche Frau ließ mich in die Wohnung. Ich mußte sehr weinen. Sie rief ihren Mann, der deutsch sprach. Sie bewirtete mich, und wenn es einen Schutzengel gibt, leitete er mich dorthin, zu diesen Menschen im wahrsten Sinne des Wortes.

Ich erzählte meine Geschichte vom Zeitpunkt unserer Flucht aus Lemberg und der Abgabe Renates. Dr. Tibór sprach einige Worte mit seiner Frau ungarisch, darauf ging er mit mir in ein Hotel „Ungaria", dessen Besitzer sein Freund war. Letzterer sprach kein Wort deutsch; ich sagte, ich wäre Polin, da er ja auch nicht polnisch konnte. Zu sagen, ich wäre Volksdeutsche, war zu gefährlich. Er gab mir Arbeit in der Küche, ich hatte also vorläufig Unterkunft und Nahrung. Der Hotelier war ein gütiger, feiner Mensch. Irgendwie hatten sie bei meinem Lazarett in Erfahrung gebracht, daß Herr Schneider mir zur Flucht verholfen hatte. Ich konnte mich mit ihm in Verbindung setzen, um ihm zu sagen, daß ich untergekommen war. Er stand in den nächsten Tagen mit abgerissenen Schulterklappen vor mir; er hatte Glück, nicht vor ein Kriegsgericht gekommen zu sein; er wurde aber strafversetzt.

Als die Russen immer mehr vorstießen, brachte mich der Hotelier, dessen Name mir entfallen ist, bei seiner Schwägerin, deren Mann an der Front war, und bei seiner Mutter unter. Ich hatte also so etwas wie ein Heim, denn diese Menschen nahmen mich familiär auf. Der Tag war da! Die Russen rollten mit Panzern in das Städtchen Dej. Ich glaubte, die Stunde der Befreiung hätte nun endgültig für mich geschlagen. Ich sah mich schon mit Arno und Renate vereint, wieder eine glückliche Familie, aber es kam ganz anders!

Ich rannte freudestrahlend auf die Straße und erzählte dem erstbesten Russen, den ich traf, kurz und aufgeregt die Geschichte meiner Tarnung und mein Überlebensglück. Er hörte mich stumm an, ohne eine Miene zu verziehen, und er sagte, ich solle „nach Hause" gehen. Einige Stunden später kamen zwei Russen vom NKWD, um mich festzunehmen. Sie durchsuchten meine paar Habseligkeiten und fanden einige Fotos von Soldaten des Feldlazaretts und mir.

Ich wurde mit deutschen Gefangenen in einen kleinen Raum gepreßt und wartete ca. eine Woche, bis man mich zur Vernehmung rief. Ich wurde von einem schrecklichen Scheinwerfer geblendet, der mich fast blind machte und bezweckte, mein Gegenüber nicht zu sehen. Es war grausam und unheimlich, dieses Verhör! Seine Fragen trafen mich wie Keulenschläge. Ich wurde einfach zur Spionin abgestempelt. Auf meine Einwände, daß ich nie spioniert hätte, sondern ich mir mit Hilfe der falschen Papiere nur das Leben retten wollte, gab er mir zur Antwort: Ich hätte eher sterben oder versuchen sollen, mich zu den Partisanen durchzuschlagen. Es wurde beschlossen, mich zur Zwangsarbeit im Domberg (Ural) zu schicken.

Inzwischen hatten sich in Dej wieder ein paar Juden eingefunden, die sich zu einer kleinen Gemeinschaft zusammenschlossen. Meine ungarischen Beschützer gingen zu ihnen, um von mir und meinem Schicksal zu erzählen. Einer oder zwei der zurückgekommenen Juden gingen zu den Russen, um meine Freiheit zu erwirken. Sie wiesen darauf hin, erst meine Angaben nachzuprüfen, bevor sie mich deportierten. Dies geschah. Die Auskunft in Lemberg bestätigte meine Aussage und bewies die Wahrheit. Nun wurde mir nahegelegt, in der russischen Kommandantur zu arbeiten, und zwar als „Dolmetscherin" für deutsche Gefangene. Die Armen, hoffentlich habe ich ihnen mit meinem fehler- und stümperhaftem Russisch nicht geschadet. Ich versuchte das Möglichste, um die Angaben der Gefangenen so positiv es nur ging zu übersetzen und fügte einiges von mir hinzu. Es waren „arme Schweine"!

Die Kommandantur ging in die Tschechei; ich sollte mit. Auf meine inständige Bitte, mich gehen zu lassen, um mein Kind und meinen Mann zu suchen, gab man mir zur Antwort: „Anderer Mann, anderes Kind"! Ich suchte Hilfe bei meinen jüdischen Freunden. Einer davon, Dr. Büro, war Chefarzt des Krankenhauses. Er schlug mir vor, den Blinddarm herausnehmen zu lassen, um ins Krankenhaus zu kommen. Auch das ließ ich über mich ergehen. In der Zeit meines Krankenhausaufenthaltes zogen die Russen nach Prag – ohne mich. Nun konnte ich mich intensiv der Nachforschung nach Renate und Arno widmen.

Meine engsten Freunde waren Rechtsanwalt Dr. Rosenthal und Niklós Judovits. Niklós fuhr mit mir los. Er sollte Mutter und Geschwister suchen. Wir fuhren auf Trittbrettern und Dächern überfüllter Eisenbahnwaggons in Richtung Polen. Der Name des Städtchens ist mir entfallen. Ich entsinne mich schemenhaft: Wir übernachteten in einer evakuierten Wohnung. Da wir unsere wenigen Habseligkeiten, Geld usw. hüten mußten, stellten wir uns täglich mit den zurückkommenden KZ-Häftlingen in die Reihe, um etwas Suppe zu bekommen. Wir nahmen Verbindung mit Eisenbahnarbeitern auf, die auf die polnische Seite fuhren und gaben einem die Adresse von Hella Tita in Lemberg, um zu erfahren, wo Renate ist.

Wir gaben einen großen Teil unserer geringen Habe her. Eines Tages kam ein Eisenbahner und gab uns Auskunft über Renates Verbleib: Felicianerinnen-Orden, der sich nach Otwock bei Lublin abgesetzt hatte.

Jetzt begann die Endphase der dramatischen Odyssee: Das Finden Renates und Arnos. Niklós und ich fuhren nach Lublin. Eine Adresse zur Übernachtung gab man uns. Das Folgende muß ich etwas ausführlicher schildern. Der Wirt fragte mich, weshalb ich hier wäre. Ich zeigte ihm ein Foto, welches wir vor der Weggabe Renates und unserer Flucht aus Lemberg gemacht hatten. Er sah Arno und rief in etwa: „Oi, oi dus ist Fischek" und rannte schon los.

Arno war schon ca. 6 Monate in Lublin, trieb irgendwelchen Handel und Wandel mit hundert Dingen und gab sein Geld an Scharlatane und Luftexistenzen, die Renate suchen sollten. Dabei war das Kind 30 km vor seiner Nase. Der Wirt kam aufgeregt und enttäuscht zurück. Arno war vor paar Tagen in Richtung Krakau gefahren mit irgendwelchen Freunden, um von dort nach Dresden weiterzureisen. Ich war wie eine Ertrinkende, so kurz vor dem Ziel und fast ohne Geld und Arno schon so nahe und schon wieder entglitten. Da kam Moniek, ein Freund Arnos, gerade aus Krakau, wo er noch mit Arno zusammen gewesen war. Sofort fuhr er mit dem nächsten Zug zurück, um ihn zu holen.

Ich fuhr inzwischen mit einer Polin zwecks Verständigung nach Otwock, um endlich Renate in meine Arme nehmen zu können. Wir kamen morgens um 6 Uhr dort an, ein wunderschöner Ort im Wald. Es war Pfingsten, die Sonne schien durch die Zweige der Bäume, und die Vögel jubilierten, so als wollten sie mir sagen, daß ich schon in der nächsten Minute mein Kind sehen sollte.

Das Wiedersehen war dramatisch, und dürftige Worte sagen nicht einen Teil dessen, was nun kam. Wir kamen zu dem Schwestern-Orden. Eine Bezugsschwester Renates, in welcher sie so etwas wie ihre Mutter sah, holte das Kind. Es schaute mich aus übergroßen blauen Augen an, ernst und fragend, und die erste Frage war: a gdej jest tatusz (wo ist Vater)? Ein Kamm, den ich ihr gab, war wohl die erste Kostbarkeit in ihrem Leben. Sie betete, selbstverständlich polnisch, das Vaterunser und bekreuzigte sich oft. Die Trennung von ihrer kroloiva Jadwiga fiel ihr sehr schwer und hat ihr bestimmt einen seelischen Schock versetzt. Auf einmal hatte sie Eltern, die ihr fremd waren und mit denen sie nicht sprechen konnte.

Als ich mit ihr in Lublin eintraf, kam ca. eine Stunde später Arno. Die vielen Menschen in dem Raum betrachteten das Ganze wie ein Schauspiel. Wir sahen uns nur an und konnten gar nichts sagen. Mit uns Renate, für die wir völlig Fremde waren.

Was später alles kam und wie sich unser Leben abspielte, ist nicht beschreibenswert.

Esra Jurmann, Dresden – Riga – Stutthof

Ich bin am 20. Mai 1929 zu Dresden geboren, und als Hitler zur Macht kam, hatte ich natürlich als 4-jähriger Junge keine Ahnung von den einschneidenden Änderungen für die Juden Deutschlands. Zum ersten Male kam mir dieses zum Bewußtsein, als der Tempel in Dresden in Brand gesetzt wurde und u. a. auch mein Vater verhaftet und nach Buchenwald geschickt wurde. Ende Juli 1939 ging mein Vater nach England. Meine Mutter, mein älterer Bruder und auch ich erwarteten, unsere Einreisegenehmigung in wenigen Wochen später zu erhalten. Da brach der Krieg aus.

Bis Januar 1942 lebten wir in Dresden unter täglich neuen Beschränkungen, die ich im allgemeinen als bekannt voraussetze. Der 18. Januar 1942 brachte die entscheidende Wendung in unserem Leben, und davon will ich nachstehend berichten. Es fing damit an, daß viele Juden an diesem Tage einen Zettel folgenden Inhalts erhielten: „Sie, ..., sind zu dem am 20. Januar 1942 abgehenden Evakuierungstransport vorgesehen und haben die Erlaubnis, zu jeder Zeit einzukaufen. Wir weisen ausdrücklichst auf das Gesetz vom 15. Okt. 1941 hin, wonach der Verkauf oder das Weggeben von jüdischem Eigentum unter strengster Strafe untersagt ist." Diejenigen Juden, die in den Zeiss-Ikon-Werken, Wehrbetrieb genannt, arbeiteten, mußten bleiben, denn man brauchte sie für dringende Kriegsarbeiten. Es war uns erlaubt, Proviant für vier Tage mitzunehmen. Am 20. Januar, 6 Uhr früh, gehen wir zum Bahnhof Dresden-Neustadt zu unserem Sammelplatz. Dort bekommen wir den ersten Vorgeschmack von dem, was uns bevorsteht.

Es wird seitens der Gestapo und SS geschrien, geschlagen usw., und wir sind anfangs fassungslos über diese Brutalitäten. So etwa ging es den ganzen Tag zu. Da kam z. B. der Befehl, einen Saal zu räumen und in den anderen Saal zu gehen. Sofort setzte ein Schlagen der SS ein, um diesen Befehl auszuführen. Mütter verlieren ihre Kinder im Gedränge. Die Kinder weinen, doch keiner kümmert sich um sie. Mütter suchen verzweifelt nach ihren Kindern. Endlich, gegen 6 Uhr abends, werden wir unter Schlägen der SS in alte ausrangierte Eisenbahnwagen hineingepreßt. Alle in den Zeiss-Ikon-Werken arbeitenden Juden haben für diesen Tag frei bekommen, um uns beim Gepäcktragen behilflich zu sein. Gegen 9 Uhr abends setzt sich der Zug in Bewegung, und die Fahrt ins Unbekannte beginnt. Wir halten öfters auf freier Strecke, und der Zug hält erst um Mitternacht auf der ersten Station. Wir lesen auf dem Schild Görlitz. Dort werden weitere Wagen unserem Zug angehängt, und wie wir später erfuhren, sind diese Wagen mit Juden aus Leipzig besetzt. Trotz Enge und übergroßer Hitze gelingt es mir, jetzt etwas zu schlafen, und als ich am Morgen erwache, fahren wir durchs Riesengebirge. Draußen heftiger Schneefall. Stationsschilder Hirschberg, Deutsch-Eylau usw. fliegen an uns vorüber. Die Luft im Wagen ist jetzt unerträglich. Als jedoch im nächsten Wagen ein Fenster geöffnet wird, wird die Heizung sofort abgestellt. Bald ist es eisig kalt in unserem Wagen, und wir leiden besonders unter Durst. An einer Station versucht der Transportleiter der Leipziger Juden, Wasser für die Kinder zu holen. Er wird unter Schlägen von der SS gezwungen, sich völlig nackt auszuziehen und sich im Schnee zu wälzen. Er wurde später von den anderen Mitreisenden durchs Fenster in den Wagen hineingezogen. Wie wir später erfuhren, ereignete sich während der Reise ein anderer Zwischenfall.

Ein SS-Mann kommt in einen Wagen und erkundigt sich, ob alles in Ordnung sei. Als Leute meinten, es sei kalt, wollte er sofort wissen, wer das geäußert hätte. Als er keine Antwort erhielt, drohte er, alle im Wagen anwesenden Personen zu erschießen, wenn die Betreffenden sich nicht sofort melden würden. Schließlich meldeten sich zwei, ein Junge von ungefähr 14 Jahren und ein Mann von ungefähr 60 Jahren. Sofort schlägt die SS auf sie ein. Man zwingt die beiden, auf das Wagendach zu klettern, und während der Zug zu fahren anfing, dort hin und her zu laufen. Nach einer Stunde dürfen sie wieder in den Wagen. Dies geschah auf unserer Reise durch Litauen, und draußen herrschten über 30 Grad Kälte.

Endlich, am 4. Tag unserer Reise, wird eine größere Stadt sichtbar. Wir fahren über einen großen Fluß und halten nach kurzer Zeit auf einer kleineren Station: Skirotava. Alles muß nun aussteigen und sich in Reihen formieren. Es wird uns gnädigst erlaubt, das Gepäck auf dem Bahnhof zu lassen, es sollte später „nachgeschickt" werden. Meine Mutter beschließt wohlweislich, das Gepäck nicht aus der Hand zu geben. Alte Leute und kleine Kinder werden in Autos weggefahren. Wir müssen marschieren auf einer uns endlos erscheinenden Straße, die „Lattales Jela". Jela heißt Straße, und es ist mein erstes Wort, welches ich in Lettisch lerne. Der Durst quält uns, und wir Kinder fangen an, Schnee zu essen. Später kommen uns Leute mit Schlitten entgegen. Zu uns kommt ein Mädchen und fragt uns, ob sie unsere Rucksäcke auf ihrem Schlitten befördern darf. Das Mädchen kommt aus Hannover, und jetzt erfahren wir zum ersten Mal, daß wir uns in der Nähe von Riga befinden und in ein Ghetto gebracht werden sollen, welches in einer Vorstadt Rigas gelegen ist. Nach einem Marsch von etwa 16 km erreichen wir gegen 6 Uhr abends das Ghetto, einen mit 2 Reihen Stacheldraht umzäunten Stadtteil Rigas.

Die erste Nacht im Ghetto verbrachten wir mit 10 Personen in einem kleinen Zimmer. Am nächsten Morgen wurden uns sogenannte Wohnungen zugewiesen. Wir bekamen ein Zimmer nebst Küche. Außer meiner Mutter, meinem Bruder und mir mußten wir dieses Zimmer mit 4 anderen Personen teilen. Die Küche stand auch für die Bewohner des nächsten Zimmers zur Verfügung, sodaß auf einem schlechten Herd für ungefähr 13 Personen gekocht werden mußte. Letzteres war kein großes Problem, denn meistens gab es nichts zu kochen, außerdem fehlte es uns an Heizmaterial. Unsere täglichen Rationen bestanden aus einer kleinen Rübe, 220 Gramm „Brot", gebacken aus Kartoffelschalen, welches sauer schmeckte und feucht und schwarz wie der Fußboden war. Ferner gab es einmal in der Woche 10 Gramm Margarine und 100 Gramm Grütze. Das war alles. Bei unserer Ankunft im Ghetto fielen uns sofort Blutspuren auf den Straßen auf. Die Wohnungen wiesen zahlreiche Einschußstellen auf. Wir fanden in ihnen blutige Schuhe, Mützen usw., die wenigen Möbel waren durcheinandergeworfen, und ein einziges Chaos war vorherrschend. Wir erfuhren, daß kurze Zeit vor unserer Ankunft die SS von den ca. 40000 Rigaer Juden ca. 36000 umgebracht hatte. Von überlebenden lettischen Juden erfuhren wir später folgendes.

Als die Deutschen in Riga einmarschierten, begannen sie sofort mit Aktionen gegen die Juden, worin sie von der lettischen Bevölkerung unterstützt wurden. So verrieten die Letten der SS, wo Juden wohnten, weil sie dafür bezahlt wurden. Gewöhnlich ging dann die SS zu den Juden ins Haus, mißhandelte die Bewohner, nahmen mit, was ihnen gefiel und brachten die Juden ins Gefängnis.

Bald darauf kam der Befehl, daß alle Juden auf dem Rücken wie auch auf der Brust den Judenstern zu tragen und in ein Ghetto zu übersiedeln hätten. Damals war das Ghetto noch nicht eingezäunt. Es existierte noch das „Zidu Kommiteja Riga", das jüdische Kommitee von Riga. Den Juden war es erlaubt, die Stadt Riga zu betreten, und sie mußten zu einer bestimmten Zeit am Abend zurück sein. Doch war es für die Juden im allgemeinen gefährlich, sich in der Stadt blicken zu lassen. Häufig wurden sie überfallen, überfahren und auch erschossen. Man behandelte sie wie Freiwild, seitens der Deutschen wie auch seitens der einheimischen Bevölkerung. Als alle Juden im Ghetto wohnten, kam eines Tages eine Kompanie SS, umzingelte das Ghetto, und alle Frauen und Kinder wurden auf Lastautos weggefahren. Es verblieben außer den Männern nur Frauen und Kinder der jüdischen Polizei und des jüdischen Ältesten-Rates. Diese Aktion begann Anfang Dezember 1941 und dauerte 2 volle Tage. Dann, bei einer anderen Aktion, wurden Männer weggebracht. Ein Junge, der dabei war, erzählte mir folgendes darüber (sein Name ist Chaim Magaram): Es wurde ein Befehl herausgegeben, daß alle Männer anzutreten hätten. Sodann suchten die SS-Leute vorwiegend ältere Leute aus, die auf Lastautos weggefahren wurden. Ein anderer 17-jähriger Junge namens Samuel Kocz erzählte mir folgendes: Als er eines Tages mit einer Arbeitskolonne durch die Stadt zurückmarschierte, kam ihnen ein SS-Auto entgegengefahren und forderte die Kolonne auf, einzusteigen. Sie wurden in einen Wald gefahren, dort erhielten sie Schaufeln und erhielten den Befehl, eine Grube auszuheben. Samuel bekam es mit der Angst zu tun und gab dem sie bewachenden lettischen SS-Posten seine Uhr und goldenen Ring, worauf dieser ihn weglaufen ließ. Er wurde jedoch auf der Flucht von anderen Posten gesehen und sofort beschossen.

Er verbarg sich in einem Strohhaufen. Die SS suchten nach ihm und stachen mit dem Bajonatt in den Strohhaufen hinein, und er erhielt einen Stich durch die Hand. Als der Junge sich sicher fühlte, ging er zu Fuß zur Stadt, die er gegen 12 Uhr nachts erreichte. Da niemand in Riga nach 9 Uhr abends auf der Straße angetroffen werden durfte, wurde er alsbald von der Polizei verhaftet und ins Rigaer Zentralgefängnis gebracht. Der Junge hatte irgendwie Glück. Er stellte sich krank und wurde einige Tage später ins Ghetto zurückgeschickt. Von der betreffenden Arbeitskolonne und deren Verbleib hat man nie wieder etwas gehört. Am 7. und 8. Dezember 1941 wurden dann die restlichen Frauen und Kinder und mit ihnen weitere ältere Männer weggeholt. Dann wurde ein kleiner Teil des Ghettos eingezäunt. Eines Tages kam der Befehl, daß alle Insassen des nicht eingezäunten Teils (genannt das große Ghetto) in das kleine Ghetto umzusiedeln hätten. Der Befehl kam am Morgen, und bis zum Abend sollten alle übergesiedelt sein. Wer nach Ablauf dieser Frist im großen Ghetto angetroffen wird, wird erschossen. Die Männer begannen mit der Übersiedlung. Auf dem Wege von einem Ghetto ins andere wurden sie von der SS aufgelauert und beschossen. Bald war die Straße mit Leichen und Verwundeten bedeckt. Die SS veranstaltete ein wahres Schlachtfest. Die Straße war mit Blut bedeckt. Als die Nacht hereinbrach, wurde die Aktion gestoppt. Die erschossenen Juden wurden auf dem jüdischen Friedhof beerdigt. Auf diese Weise schaffte man Platz für die aus Deutschland zu erwartenden Juden. Am 15. Dezember 1941 traf dann auch der erste Transport aus Köln ein. Wie bereits vorher erwähnt, konnten wir bei unserer Ankunft einige Wochen später immer noch die Blutspuren auf der Straße sehen. Später wurde dann ein Entwesungskommando geschaffen, in dem auch Juden arbeiteten.

Diese hatten die Aufgabe, die blutigen Kleider zu waschen und zu desinfizieren, und mancher fand unter den blutbefleckten Sachen die seiner Angehörigen. Ein Gerücht wurde verbreitet, wonach alle Frauen und Kinder und ältere Männer in ein anderes Lager, Duenamünde, verbracht worden seien (Duenamünde ist ein anderer Vorort von Riga). Doch sehr bald stellte sich heraus, daß in besagtem Ort sich überhaupt kein Lager befände. Von lettischen Bauern und lettischen SS-Chauffeuren erfuhr man, daß alle diese Juden umgebracht worden seien, und zwar fanden ihre Erschießungen im Bickernick Wald, von den Deutschen Hochwald genannt, statt, wo sich eine Anzahl frisch aufgeworfener Gräber befanden. In ganz Lettland befanden sich am Anfang außer dem Rigaer Ghetto noch Ghettos in Libau und Duenaburg, doch wurden diese bald aufgelöst und die Insassen ins Rigaer Ghetto gebracht. Besonders schlimm hauste die SS im Linath Hazedek Hospital. Die Frauen wurden erschlagen, die Säuglinge bei den Beinen gepackt und die Köpfe an die Wand geschleudert, Kinder wurden in die Luft geworfen und dann erschossen. Dieses alles spielte sich vor unserer Ankunft ab, wo wir am 24. Januar 1942 eitrafen.

Über die Zuteilung der Lebensmittelrationen habe ich bereits berichtet, und wir waren natürlich stets hungrig. Wir begannen daher die schlimmsten Abfälle zu essen. Mein Bruder wurde krank, er bekam Lungenspitzenkatarrh. Die Lage verschlechterte sich zusehends, und von den Leuten, die mit uns im Zimmer wohnten, waren drei Personen bereits gestorben. Ich wandte mich des öfteren an das Wohnviertel der Juden aus Köln. Viele von denen arbeiteten in der Stadt und hatten daher Gelegenheit, Lebensmittel zu ergattern. Von ihnen erhielt ich des öfteren etwas zu essen.

Sobald ein Auto mit Rüben abgeladen wurde, lief ich hin, um unter der Gefahr, von der SS jämmerlich verprügelt zu werden, Rüben zu ergattern. Eine andere Sache hielt uns dauernd in Schrecken. In der Nähe von Riga war ein Dorf namens Salaspils, zu deutsch etwa Salzstadt. Dort war ein großes Arbeitslager, wohin man auch viele Männer aus dem Ghetto schickte. In diesem Lager starben täglich bis zu 30 Menschen. Dorthin kam zuweilen der Polizeiführer von Riga, ein gewisser Dr. Lange, und jedesmal erschoß er Leute. Sah er z.B. einen Arbeiter ein wenig ausruhen, so schoß er ihn gleich nieder. Dort herrschte sehr schlimm die Ruhr, auch starben viele an Erfrierungen. Im allgemeinen hielten die Frauen besser durch als die Männer; sie konnten besser den Hunger ertragen.

Nachdem wir die ersten Wochen im Ghetto mit Haus- und Hofarbeiten verbracht hatten, wurde eine Schule eingerichtet. Jede Gruppe hatte eine solche, und mit jeder Gruppe war auch mindestens ein Lehrer mitgekommen. Wir hatten in unserer Gruppe zwei Lehrer: Herrn Hoexter aus Dresden und Frau Rothenberg aus Leipzig. Der Schuldirektor war ein Herr Nussbaum aus Düsseldorf, der auch gleichzeitig im Ältestenrat der Düsseldorfer Gruppe war. Wir lernten Rechnen, Weltkunde, Hebräisch und die gewöhnlichen Fächer, die man in einer Volksschule lernt. Leider war dieser Schulbesuch nicht regelmäßig, denn sobald Schnee fiel, mußten wir Schnee schaufeln. Oder wir mußten in das unbewohnte Ghetto gehen, um dort Holz zu holen. Es war uns komischerweise erlaubt, Möbel zu Kleinholz zu zerhacken, dagegen war es verboten, Klobenholz mitzunehmen. Alles Holz kam in die Holzverteilungsstelle der Gruppe, von wo aus es an die einzelnen Gruppenmitglieder verteilt werden sollte. Wenn wir von diesen Arbeiten zurückkamen, bekamen wir Kinder manchesmal einen Teller Suppe und hier und da etwas Brot.

Später lernten wir auch in der Schule englisch. Im Juli 1942 (etwas verspätet) wurde ich Bar-Mizwah,[254] und ich ging einige Male in der Woche zum Schuldirektor Nussbaum, um vorbereitet zu werden. Gottesdienst gab es im Ghetto nicht. Die Männer hatten keine Zeit, weil sie viel arbeiten mußten. Nur für uns Kinder gab es eine Zeit lang Kindergottesdienst. Im übrigen durfte man bis zum 14. Lebensjahr die Schule besuchen, dann wurde man gezwungen, auf Arbeit zu gehen. Nachdem ich mit einem anderen Jungen gemeinsam Bar-Mizwah wurde, hatten wir jeden Morgen in der Schule einen Gottesdienst. Wir erhielten Teffilin[255] und mußten diese jeden Morgen legen. Nur an Hohen Festtagen fand abends ein Gottesdienst statt. Unsere Lehrer fungierten als Vorbeter. Es wurden auch gelegentlich Theateraufführungen im Ghetto veranstaltet, und ich wohnte einer Jeremias-Vorstellung bei. Gemeinsam mit einigen anderen Jungen richteten wir uns ein chemisches Versuchslaboratorium ein. Hier wurden wir von Erwachsenen unterstützt, die in einer chemischen Fabrik in Riga arbeiteten und uns Chemikalien usw. mitbrachten und uns in Chemie und Physik unterrichteten. Ich selbst hatte mir auch eine kleine Werkstatt eingerichtet, wo ich bastelte und auch von Erwachsenen unterwiesen wurde.

Als es etwas wärmer wurde, ging meine Mutter eines Tages mit zur Arbeit, und wie groß war unsere Freude, als sie am Abend mit einem halben Brot zurückkehrte, welches sie gegen einen Rock eingetauscht hatte. Am nächsten Tag tauschte meine Mutter Kleidungsstücke gegen Kartoffeln ein. Diese Tauschgeschäfte während der Arbeit waren sehr gefährlich.

Die SS-Posten achteten streng darauf, daß keine Tauschgeschäfte gemacht wurden. Überhaupt war alles schwer und mit großem Risiko verbunden, und leider muß ich jetzt einige

Dinge erwähnen, die mich zur Zeit, als ich davon erfuhr, tief erschütterten. Wollte man z. B. einem Arbeitskommando zugeteilt werden, wo man evl. Gelegenheit zum Tausch geschaffen hatte, mußte man zumindest den Mann, der den Arbeitseinsatz unter sich hatte, schmieren.

Die Verwaltung des Ghettos war folgendermaßen eingeteilt: Der Oberste Kommandant über das Ghetto war ein SS-Obersturmführer Krause. Dann kamen einige ihm unterstellte SS-Leute. Diesen SS-Leuten unterstanden der Älteste des Ghettos, ein Herr Max Leiser aus Köln, dann kamen die Männer, die die Arbeitseinteilung und Lebensmittelausgabe unter sich hatten. Jede Gruppe hatte einen Ältestenrat, einen Arbeitseinsatz-, einen Proviantmeister und mehrere Polizisten. Für das Ghetto gab es die sogenannte Lagerpolizei, nur aus Juden bestehend. Ferner hatte jede Gruppe einen Obmann. Diese jüdischen Obmänner und Polizisten nannte man die „Prominenz". Sehr oft mußten sie entsprechend geschmiert werden, um etwas zu erreichen. Einige dieser Herren benahmen sich leider höchst unkorrekt, die Notlage anderer in gemeinster Weise ausnutzend. Es gab sogar einzelne, die Juden an die SS verrieten.

Eines Tages kam ein Soldat und suchte Frauen zur Arbeit. Meine Mutter ging mit und arbeitete beim H.V.M. (Heeres-Verpflegungs-Magazin). Dort war eine Kolonnenführerin, die ebenfalls geschmiert werden mußte, um das Privileg zu haben, dort arbeiten zu dürfen. Im Ghetto wurden fortwährend neue Verbote erlassen. So kam z.B. ein Befehl, daß alles Geld, Gold, Silber, Uhren, Füllfederhalter usw. abgegeben werden mußten. Wer im Besitz dieser Gegenstände erwischt wurde, wurde mit dem Tod durch Erhängen bestraft.

Jeden Tag konnte man am schwarzen Brett Anzeigen etwa folgenden Inhalts lesen: Wegen Tauschhandels oder Diebstahls aus Heeresgut oder verbotenen Besitzes von Geld usw. wurden mit dem Tode bestraft: die Namen folgten.

Ich erinnere mich noch gut, daß wegen Fluchtversuchs aus dem Lager Salaspils Heinz Kreidl aus Dresden erhängt wurde. Jeder Tag brachte Angst und Schrecken. Mußte ich doch stets gewärtig sein, daß meine Mutter mal beim Tauschhandel erwischt wird. Andererseits verdanke ich mein Leben nur diesem Tauschhandel, den meine Mutter betrieb. Andernfalls wären wir glatt verhungert.

Das früher erwähnte Arbeitslager Salaspils wurde mit der Zeit langsam aufgelöst, und die noch überlebenden Männer kamen ins Ghetto zurück. Sie sahen wie wandelnde Skelette aus, und obwohl ihnen strengstens verboten war, etwas über die Art ihrer Tätigkeit im Lager zu erzählen, so sickerte es doch durch, daß diese Leute die Aufgabe hatten, die Leichen der von der SS Ermordeten zu verbrennen. Es kam vor, daß ankommende Transporte von der Station aus direkt ins Vernichtungslager kamen, und ich entsinne mich genau, daß ein Transport aus Berlin nie das Ghetto erreichte. Die Juden, die die Leichen zu verbrennen hatten, waren einem besonderen Kommando unterstellt, dem Kommando Krause I (benannt nach dem Kommandanten des Ghettos). Als die Juden aus dem Lager Salaspils ins Ghetto überführt wurden, wurde das Lager mit Russen und lettischen Antinazis besetzt.

Als ich im Mai 1943 14 Jahre alt wurde, hatte ich die Schule zu verlassen und mußte mit auf die Arbeit gehen, d. h. ich wurde einer Arbeitskolonne zugeteilt und mußte mit dieser täglich nach Riga marschieren, um dort beim Ein- und Ausladen von Gütern zu helfen.

Dann kam eines Tages der Befehl heraus, wonach alle Bewohner des Ghettos zu politischen Gefangenen erklärt wurden und in Konzentrationslager zu überführen wären. Es begann damit, daß täglich vor dem Ausrücken der Arbeitskolonnen die SS erschien, Leute aussuchte und zur Arbeitseinsatzzentrale brachte.

Nachdem das Protektions- und Schmierwesen immer größeren Umfang annahm, wurde die Verwaltung des Ghettos zentralisiert, d.h. die kleine „Prominenz" wurde abgebaut. Die Kleider wurden nicht mehr durch Gruppen-Kleiderkammern verteilt, sondern durch eine Zentralkleiderkammer. Der Ältestenrat der Gruppe Kassel hatte jetzt auch andere Gruppen zu betreuen. Der Arbeitseinsatz und die Lebensmittelverteilung wurden ebenfalls zentralisiert. Wenn man z.B. nicht einen guten Freund im Zentralarbeitseinsatz hatte und ihn nicht genügend mit Brot, Butter usw. schmieren konnte, so konnte man bei der nächsten Aussortierung durch die SS weggeholt und ins KZ gesteckt werden.

Bevor diese Aktion begann, geschah folgendes: Eines Tages wurde die gesamte Polizei des lettischen Lagers, etwa 40 an der Zahl zum Appell beordert. Diese Polizisten waren meistens junge Leute aus der Intelligenz und meistens glühende Zionisten. Nachdem man sie zwei Stunden warten ließ, erschienen Autos mit bewaffneter SS, und die Polizisten wurden zu einem nahen Platz geführt. Nachdem sie dort wieder eine Stunde warteten, erschien der Kommandant des Ghettos und verlas ein Todesurteil. Doch kaum fing er an, das Todesurteil zu verlesen, als unter den Polizisten eine Panik ausbrach, und sie liefen auseinander in wilder Angst. Die SS eröffnete sofort das Feuer, und bis auf 2, denen es gelang zu entkommen (später wurden sie aufgegriffen und umgebracht) wurden alle erschossen.

Als die Schüsse im Ghetto gehört wurden, wurden die Bewohner in Panik versetzt, glaubten sie doch, daß die SS alle Bewohner umbringen würde, und manche Frauen versuchten. sich aus den Fenstern zu stürzen, um nicht ansehen zu müssen, wie ihre Kinder umgebracht würden. Um die Ruhe wiederherzustellen, erließ die Kommandantur sofort eine Bekanntmachung etwa folgenden Inhalts:

„Seit einiger Zeit kam es immer wieder vor, daß Ghettoinsassen des Lettenteils flüchteten. Diesen Leuten wurde durch den jüdischen Ordnungsdienst geholfen. Sie wurden von ihnen mit Waffen und Geld versorgt. Die Leute des Ordnungsdienstes des Lettenteils wurden heute standrechtlich erschossen. Der neue Ordnungsdienst für den Lettenteil wird vom deutschen Ghetto gestellt. Zum Leiter des gesamten Ghetto-Ordnungsdienstes bestimme ich den Juden Friedrich Israel Frankenberg. Zum Leiter der Polizei des deutschen Ghettos bestimme ich den Juden Rudolf Israel Haar und zum Leiter der Polizei des Lettenteils bestimme ich den Juden Herbert Israel Perl.

gez. Krause, Obersturmführer
Kommandant des Ghettos Riga"

Kurz darauf verhaftete die SS einen lettischen Juden, der denunziert worden war, und durch Folterungen zermürbt, gestand er, wo die Waffen verborgen waren. Zum Glück waren diese Waffen in einem leerstehenden Haus in einem hinter dem Herd gegrabenen Schacht verborgen. Es folgten Massenverhaftungen. Die Verhafteten wurden in das Zentralgefängnis nach Riga gebracht, und man weiß nicht, was mit ihnen geschah.

Ein lettisch-jüdischer Polizist, der während der Erschießung seiner Kameraden im Lazarett war, sprang bei der Nachricht von der Ermordung seiner Kameraden aus dem Bett, lief durch das Ghetto zum „Prager Tor" und rief: „Wenn meine Kameraden tot sind, will ich auch nicht mehr leben." Ein SS-Mann schoß ihn nieder. Am „Prager Tor", der Grenze zwischen dem lettischen und dem deutschen Ghetto, standen jetzt zwei Polizisten Wache, um darauf zu achten, daß niemand aus dem deutschen Teil in das lettische Ghetto ging und umgekehrt. Doch für ein Paar Zigaretten konnte man passieren, obzwar das stets mit Gefahr verbunden war. Auch ich schlich mich manches Mal in das lettische Ghetto. Wußte ich doch, daß die Lettischen durch ihre Beziehungen zur Rigaer Bevölkerung des öfteren mit Lebensmitteln versorgt wurden. Die lettischen Juden gaben mir auch stets gut zu essen, und im Umgang mit ihnen lernte ich perfekt jiddisch sprechen.

Jeden Tag wurden nun Juden aus dem Ghetto ins KZ gebracht. Wir wußten, was dies bedeutete und lebten daher in ständiger Angst davor, auch ausgesucht zu werden. Nur Leute, die kriegswichtige Arbeiten verrichteten, konnten im Ghetto bleiben. Zu diesen kriegswichtigen Arbeiten gehörte u.a. auch eine Näherei, in welcher SS- und Wehrmachtsuniformen ausgebessert und hergestellt wurden. Meine Mutter beschloß nun, in diesen Betrieb zu kommen. Zwar war dort keine Gelegenheit, Tauschgeschäfte zu machen, aber lieber hungern als ins KZ kommen und von uns Kindern getrennt zu werden. Besonders gefährdet war mein älterer Bruder, der damals im 17. Lebensjahr war. Schließlich, mit großer Mühe und Schmiergeldern, gelang es meiner Mutter, meinen Bruder und sich selbst in diesem Nähbetrieb unterzubringen, und ich kam, ebenfalls durch Schmiergelder unterstützt, in die Gärtnerei.

Doch eines Tages kam der Befehl, wonach der Nähbertieb nach Riga transferiert wurde. Hierdurch verloren meine Mutter und mein Bruder ihre Arbeitsstelle, und am 31. Oktober 1943, am Geburtstage meines Bruders, hatten wir alle um 6 Uhr früh anzutreten. Wir warteten bis 12 Uhr mittags und wurden dann in Lastautos in das KZ Strasdenhof, einem anderen Vorort Rigas – Jugla genannt – gelegen, gebracht.

Als wir die Dünamünder Straße entlangfuhren, die Straße, die das Ghetto abtrennte, waren wir alle traurig gestimmt. Wohl verließen wir einen Ort, der uns fast jeden Tag neue Schrecken und Angst einjagte. Allein, wir wußten genau, daß wir einem noch schlimmeren Ziel entgegenfuhren.

Ich bin jetzt 6 Monate in England, und vor einem Jahr wurde ich von der Roten Armee aus dem KZ befreit. Meine Mutter ist verschollen, und von meinem älteren Bruder, der am Leben sein soll, habe ich bisher nichts gehört. Immer wieder wandern meine Gedanken zurück in diese scheußliche Vergangenheit. Im Geiste sehe ich die vielen Menschen, die ich kannte und die durch Selbstmord endeten, weil sie dieses Leben nicht mehr ertragen konnten. Ich gedenke der 10 Frauen, die erschossen wurden, weil sie Mäntel entwendet hatten, um sie gegen Lebensmittel für ihre Kinder einzutauschen. Nie werde ich den Anblick der hinterbliebenen kleinen Kinder vergessen, die wie irrsinnig im Ghetto herumliefen und nach ihren Müttern schrien.

Auch werde ich nicht vergessen, wie einst ein Jude, den Strick um den Hals, am Galgen zum Kommandanten rief: „Du kommst auch noch dran!" Und doch, alle diese Erlebnisse sind nichts an Schrecklichkeit, gemessen und zu vergleichen mit jenen, die ich vom November 1943 an bis zu meiner Befreiung in den verschiedensten KZs hatte. Doch darüber will ich ein ander Mal berichten.

Hier bricht der Bericht ab.

Die Niederschrift über das Ghetto Riga müßte etwa, wie mir Herr Jurmann bestätigte, im April/Mai 1946 erfolgt sein.

Über seinen weiteren Weg bis zu seiner Befreiung schrieb mir Herr Jurmann das Folgende.

„Am 31. 10. 1943 verließen meine Mutter, mein Bruder Manfred und ich das Rigaer Ghetto. Wir waren Teil einer Gruppe jüdischer Ghettoinsassen, die in ein „Kasernierungslager" gebracht wurden. So lautete die offizielle Bezeichnung. Tatsächlich gingen wir in ein

Bescheinigung sowjetischer Militärbehörden vom 18. 04. 1945

Dokument des KOMITET ZYDOWSKI vom 21. 04. 1945

Außenlager des Konzentrationslagers Kaiserwald. Das Ghetto wurde aufgelöst, und die Ghettobewohner wurden in verschiedene Lager überführt. Wir wurden von Ghettoinsassen zu Häftlingen. Jetzt wohnten wir in Massenschlafsälen, unsere Betten waren die dreistöckigen „Kojen", wir traten zu Morgen- und Abendappell an, bei jedem Wetter, und der Appell dauerte so lange, wie es die Willkür des Kommandanten gebot. Die Rationen waren zwei Kellen heißes Wasser, Suppe genannt, mittags und abends eine Scheibe Brot, ungefähr 2-3 cm dick, eine Kelle „Kaffee" und alle drei Tage ungefähr 30 g Pferdetalg.

Hungerödeme, geschwollene Beine und Füße, Fu-

Bescheinigung der Alliierten vom Juni 1945

runkulose und dann die barmherzige Lungenentzündung oder Ruhr, die den Tod herbeiführte, waren die Folgen dieser Ernährung. Rettung war, an mehr Proviant heranzukommen. Wieder halfen hier die Außenkommandos.

Meine Mutter war eine geschickte Näherin und machte aus Wehrmachtsuniformstoffen Hausschuhe. Die gingen mit einer Mitgefangenen aus dem Lager und wurden gegen Lebensmittel eingetauscht. Darauf stand Todesstrafe.

Wir arbeiteten in den „Generalkommissar"-Werkstätten. Unser Lager war eine Nähgarnmanufaktur gewesen, zu Friedenszeiten. Jetzt war das zweistöckige Gebäude unsere Unterkunft, und ein anderer Gebäudeteil war die Fabrik, wo die Wehrmachtsuniformen ausgebessert wurden. Das war unsere Arbeit. Ich wurde einem Nähmaschinenmechaniker zugeteilt, der mich anlernen sollte.

Zwischendurch gab es Aussuchungen und „Aktionen". Ältere Menschen und Kinder wurden ausgesucht und weggebracht. Sie liegen, soweit ihre sterblichen Reste vom Kommando „Hochwald" oder „Stützpunkt" vor dem Rückzug der deutschen Truppen aus Lettland nicht verbrannt wurden, in den Massengräbern in der Umgebung von Riga. Meine Mutter ging auf einen solchen Transport im August 1944.

Die Russen rückten stetig näher. Im September wurde unser Lager geräumt, und wir wurden auf ein Schiff verladen, das uns nach Danzig brachte. Dort war das KL Stutthof. Dort kamen wir hin. Stutthof war ein großes Lager nach dem Einheitsmuster von Buchenwald gebaut, wie ich nach dem Krieg feststellen konnte, als ich Buchenwald im Zusammenhang mit meiner Dolmetscher-Tätigkeit besuchte.

Da waren die Unterkünfte, Block genannt. Da waren auch Gaskammer und Krematorium. Verpflegung war wie bereits beschrieben. Schikanen waren üblich. Wir durften z. B. tagsüber nicht die Baracken betreten. Wir waren in unserer eher dürftigen Sträflingskleidung, jenen gestreiften Pyjamas, die seitdem zeitweise sogar modisch geworden sind, draußen bei Wind und Wetter. Zusammen mit der Verköstigung war damit allein dafür gesorgt, daß wir stetig weniger wurden.

Von Stutthof, wo wir bestimmt keine Überlebenschance gehabt hätten, wurden mein Bruder und ich am 31. 10. 1944 in das Außenlager Burggraben, auch bei Danzig, gebracht. Wir gingen von dort täglich auf Arbeit in die Schichauwerft, die später unter dem Namen Lenin-Werft berühmt wurde. Dort sollten wir Unterseeboote bauen.

Die Russische Armee rückte wieder näher. Am 2. Februar 1945 ging ein großer Teil unseres Lagers auf den Rückzug, zu Fuß, in Richtung Deutschland. Von dem Transport, der einige Hunderte Menschen betrug, haben sechs überlebt. So ein Augenzeuge später. Mein Bruder, der auch dabei war, ist seitdem verschollen.

Klassen-Foto im Hof der Knaben-Schule (heute Schiller-Gymnasium) In der 2. Reihe v. o., 2. v. l.: Manfred Jurmann

Ich selbst mußte im Lager zurückbleiben. Um den 23. 3. 1945, gegen Abend, wurden wir von der Roten Armee befreit. Ich wurde in einem russischen Lazarett gesund gepflegt.

Zu Fuß, per Güter- und Personenzug und Armee-Lkw wanderte ich durch das zerfetzte Deutschland bis nach Belgien. Unter anderem kam ich mit einem Lkw auch in Pillnitz an und ging von dort zu Fuß nach Dresden. Ich hielt mich dort nur einige Stunden auf. Ich wollte weg, heraus aus Deutschland. In Belgien war das Leben fast wie zu Friedenszeiten normal. Belgien nahm mich sehr gastlich auf. Es hatte die Besetzung und den Krieg erlebt und hatte

Esra Jurmann (Mitte) nach seiner Befreiung 1945 in Belgien   Wolf Abraham und Esra Jurmann, London, etwa 1945/46

schon vor dem Krieg jüdische Flüchtlinge aufgenommen. Ich blicke auf die Zeit meines Aufenthalts dort mit Liebe und Dankbarkeit zurück.

Leider kann ich das von meinem „Vaterland" nicht sagen, obwohl es auch dort, unter anderem in Pirna, Menschen gab, deren Verhalten dazu beitrug, daß ich in späteren Jahren die Geschehnisse im Dritten Reich abgestuft betrachten konnte.

Im August 1945 konnte ich nach England gehen, mit einem britischen Kriegsschiff. Auch in England fand ich gute Aufnahme. Ich wurde Dolmetscher und besuchte, was in der Zwischenzeit die DDR geworden war, das erste Mal, als fast 50 Jahre vergangen waren. Es hing mit meiner Arbeit zusammen.

Ein Jahr später besuchte ich privat Dresden und Pirna. Ich ging vom Marktplatz kommend die Schloßstraße hinauf, Richtung Obere Burgstraße, in der ich als Kind gewohnt hatte. Ich erwartete das Restaurant und Bierlokal „Max Kern" zu sehen. Ich hatte jahrelang das Bild davon vor Augen gehabt, wie so viele Straßen und Gebäude der Stadt und freute mich darauf, es wieder zu sehen. Aber dort, wo es gestanden hatte, war nur noch eine Lücke in der verfallenen Häuserflucht."

(Brief vom 1. 2. 1994)

3. Teil Anhang

Juden in der AHM Pirna[256]

Ort	1861	1867	1871	1875	1880	1885	1890	1895	1900	1905	1910	1925
Pirna	3	2	10	11	32	37	45	24	41	25	38	22
Dohna				5				1				
Hohnstein								1				
Königstein			2	2	1	1	5	1	1			
Neustadt						3	8	2	2		3	
Schandau			3	4	1	5	8	5	4	3	3	
Sebnitz			2			12	23	12	14	14	22	
Stolpen			2									
Wehlen									1			
Altendorf				1								
Birkwitz								1	1			
Copitz										1		
Dittersbach										1		
Gommern						1						
Großsedlitz			1									
Heidenau									5	3	1	
Hütten								2				
Klein-Zschachw.											7	
Krippen				1								
Mügeln									1	4	1	
Mühlbach											2	
Oberhelmsdorf											3	
Porschendorf						2		2	3			
Rosenthal											2	
Schöna										7	6	
Landesanstalt Sonnenstein											2	
AHM gesamt	**3**	**2**	**17**	**27**	**36**	**61**	**89**	**53**	**75**	**63**	**87**	**64**

Nach der Volkszählung 1933[257]

Juden in	männlich	weiblich	gesamt
Stadt Pirna	12	11	23
a. O. d. AHM Pirna	12	16	28
dar. Heidenau	3	4	7
Sebnitz	6	6	12
AHM Pirna gesamt			51

Juden in Pirna 1939 (Zählung Mai 1939)[258]

Mit 4 jüdischen Großelternteilen: 2
Mit 2 jüdischen Großelternteilen: 4
Mit einem jüdischen Großelternteil: 6

Juden in Pirna, geordnet nach Zeitpunkt des Zuzugs

1. Rose, E.	Kaufmann	Schuhgasse 132	1876-1906
2. Prinz, H.	Kaufmann	Markt 59/60	1878-1890
3. Freund, S.	Schneidermeister	Badergasse 167	1878-1885
4. Goldschmidt, M.	Kaufmann	Schloßstr. 44	1879-1893
5. Goldschmidt, A.	Rentier	Schloßstr. 43, 45	1880-1894
6. Cohn, I.	Kaufmann	Dohnasche Str. 9	1884-1939
7. Ikenberg, M.	Weißwarengeschäft	Dohnasche Str. 96	1886-1894
8. Rosam, D.	Rentner	Albertstr. 86	1887-1894
9. Guhrauer, S.	Privata	Schloßstr.44	1888-1893
10. Görtz, S.	Kaufmann	Dohnasche Str. 85	1889-1902
11. Weiß, A.	Schneider	Markt 133	1891-1892
12. Rosenthal,F.	Geschäftsvertreter	Dohnasche Str. 96	1891-1892
13. Rohr, E.	Kaufmann	Dohnasche Str. 88	1893-1894
14. Kaminsky, A.	Kaufmann	Dohnasche Str.	1893-1935
15. Hirsch, G.	Kaufmann	Dohnasche Str. 88	1894-1901
16. Löwenthal, A.	Kaufmann	Dohnasche Str. 96	1894-1898
17. Heß, G.	Fabrikbesitzer	Postweg 49/64	1895-1939
18. Byk, G.	Kaufmann	Gartenstr. 445 C (Brd.Kat.)	1896-1901
19. Hamburger	Commis	Gartenstr. 448	1896-1900
20. Linz, J.	Kaufmann	Breite Str. 22/23	1898-1933
21. Neumann, M.	Kaufmann	Gartenstr. 447	1900-1901
22. Herzfeld, B.	Kaufmann	Schuhgasse 132	1900-1906
23. Haller, I.	Kaufmann (b. Linz)	Bahnhofstr. 1	1903-1908
24. Phillpsthal, R.	Geschäftsführer	Dohnasche Str. 2	1905-1908
25. Scharf, M.	Kaufmann	Schuhgasse 16	1906-1919
26. Engler, J.	Trödelhändler	Albertstr. 1b	1906-1939
27. Zimmering, A.	Uhrmacher	Langestr. 16	1908-1915
28. Rath, S.	Kaufmann	Schössergasse 1	1910-1911
29. Freymann, B.	Geschäftsführer	Dohnasche Str. 2	1914-1939
30. Arif, S.	Justizbeamter	Reitbahnstr. 10/11	1918-1919
31. Weinberg, A.	Gerber	Plangasse 11	1919-1921
32. Tschaczkowski,P.	Reisender	Schuhgasse 7 u. 9	1919-1932
33. Fernbach	Revisor	Bergstr.26/Reichsstr. 14	1922-1936
34. Zloczower	Schuhhaus	Nied.-Burg-Str. 3	1925-1929
35. Weiner, B.	Kaufmann,	Schössergasse 11	1926-1938
36. Jurmann, W.	Kaufmann	Ob.-Burgstr. 6	1926-1939
37. Neustadt, L.	Kaufmann	Breite Str. 9b	1928-1933
38. Noack, E.	Arbeiter	P.-C., Hauptstr. 26	1927-1939
39. Tabaschnik, M.	Dentist	Weststr. 32	1929-1933
40. Gorstein,	Kaufmann	Schössergasse 11 / 6	1930-1932
41. Tannchen, E.	Schuhhaus	Breite Str. 9 b	1933-1938
42. Kohn, E.	Geschäftsführer	Weststr.	1934-1935

„Verstoß gegen das Gesetz zum Schutze des deutschen Blutes und der deutschen Ehre vom 15. September 1935

Vor dem hiesigen Schöffengericht hatte sich der heute 63 Jahre alte Jude Willi Fichtmann aus Pötzscha zu verantworten. Ihm wurde zur Last gelegt, als Jude entgegen den Bestimmungen des oben angezogenen Gesetzes eine arische Hausgehilfin unter 45 Jahren beschäftigt zu haben (es handelt sich um ein 15jähriges Mädchen), ferner soll er am 30. Januar diesen Jahres aus dem Fenster seiner Wohnung die Fahne des Reiches gehißt haben. Der Angeklagte gab an, daß er wohl von jüdischen Eltern abstamme, daß er aber als Junge zum christlichen Glauben übergetreten und getauft sei. Das angezogene Gesetz sei ihm zwar bekannt, aber er habe sich nicht im einzelnen damit befaßt; im übrigen betrachte er sich aus oben angeführten Gründen nicht mehr als Jude. Das Gericht wies diese Einwände zurück und verurteilte ihn wegen des einen Falles (Beschäftigung einer arischen Angestellten unter 45 Jahren) zu 7 Monaten Gefängnis, wegen der Hissung der Fahne des Reiches erfolgte Freisprechung, da ihm nicht nachgewiesen werden konnte, daß er die Hissung selbst vorgenommen hat. Wenn der Angeklagte behaupte, die Gesetzesbestimmungen nicht genau gelesen zu haben, so sei dem entgegenzuhalten, daß die Bestimmungen kurz sind und auch bez. Klarheit keine Zweifel aufkommen lassen. Der andere Einwand, er falle nicht unter die Bestimmungen, nichtarisch zu sein, sei rechtsirrig. Ausschlaggebend sei die Abstammung, nicht aber das Glaubensbekenntnis oder andere Gesichtspunkte. Bei der Strafzumessung spreche schwerwiegend der Umstand, daß er das Mädchen weiterbeschäftigt habe, als schon Anzeige erstattet war und es auch bis heute beschäftigt habe; das sei als eine Dreistigkeit zu bezeichnen. Wenn er mit 7 Monaten Gefängnis davonkomme, dann verdanke er das dem Umstand, daß er Kriegsteilnehmer sei und sich bisher einwandfrei geführt habe."[259]

1942 wurde der 70jährige Wilhelm Fichtmann, in Pötzscha, Obervogelgesanger Weg 6 wohnhaft gewesen, nach Theresienstadt deportiert. Dort verstarb er. Die Urne gelangte nach Stadt Wehlen und wurde am 16.7.1942 auf dem Friedhof Stadt Wehlen neben seiner 1938 verstorbenen Ehefrau beigesetzt.[4]

[4] Nach Ermittlungen durch Herrn Rieß, Stadt Wehlen.

Anmerkungen

StA.P.   = Stadtarchiv Pirna
EV   = Stadtarchiv Pirna, Einwohnerverzeichnis
PA   = „Pirnaer Anzeiger"
B   = alle B-Signaturen: Stadtarchiv Pirna
RGBl.   = Reichsgesetzblatt

[1] Richter, Otto, Verfassungsgeschichte der Stadt Dresden. Dresden 1885, S. 226-236.

[2] Juden in Leipzig. Leipzig 1994, S. 9; Eschwege, Helmut, Geschichte der Juden im Territorium der ehemaligen DDR, Teil 2. Maschinenschriftliches Manuskript, Begegnungsstätte für jüdische Geschichte und Kultur, HATIKVA, in Dresden.

[3] Juden in Leipzig, S. 8.

[4] Richter, S. 230/231.

[5] Vgl. Költzsch, Fritz, Kursachsen und die Juden in der Zeit Brühls. Engelsdorf b. Leipzig 1928.

[6] Richter, S. 236.

[7] Gesetz- und Verordnungsblatt für das Königreich Sachsen, Nr 23. Gesetz, die Religionsausübung der Juden und den für diesen Endzweck ihnen zu gestattenden Erwerb von Grundeigentum betreffend; vom 18ten Mai 1837.

[8] Gesetz- und Verordnungsblatt...1838, Nr. 64.

[9] Vgl. Eschwege, Geschichte der Juden..., Teil 2.

[10] Meiche, Alfred, Historisch-Topographische Beschreibung der Amtshauptmannschaft Pirna. Dresden 1927, S. 237, – (nach Codex diplomaticus Saxoniae regiae II,5,337).

[11] Ebenda, S. 257.

[12] Vgl. Eschwege, Geschichte der Juden..., S. 643.

[13] StA.P., Ratsprotokolle der Stadt Pirna, 18. Nov. 1697 bis den 7. September 1706, S. 365.

[14] StA.P., Raths Protocol der Stadt Pirna. De Anno 1706 biß Decembr. 1730, Protokoll vom 3. 1. 1708, S. 78.

[15] Ephoralarchiv Pirna, 40. Pirna, St. Marien, Akte 4396, Miscellanea Bd.1, 1660-1742, Bl. 34a-41b.

[16] Hofmann, Reinhold, Handel und Gewerbe der Stadt Pirna in alter Zeit. Manuskript-Abschrift im Stadtarchiv Pirna, E II, 59a, S. IX. Siehe auch „Pirnaer Anzeiger" vom 13. 1. 1906.

[17] Költzsch, S. 236.

[18] Vgl. StA.P., Ratsprotokolle 1744-1752, S. 387 und 967.

[19] StA.P., Jahresrechnung über Einnahme und Ausgabe bey Raths Cämmerey von Michaelis 1801 bis dahin 1802, Bl. 103.

[20] Richter, S. 236.

[21] Vgl. StA.P., Löser, Karl, Pirna im 19. Jahrhundert, 1846.

[22] B II-XXVII, 08 - Acten, die Aufnahme der Bevölkerungslisten betreffend. (Zusammenfassungen für die betreffenden Jahre)

[23] Vgl. PA, vom 8. 12. 1933, S. 2 (Psychiatrie in Pirna)

[24] Zeitschrift des Kgl. Sächsischen Statistischen Büros. Ergebnisse der Volkszählungen. Siehe Anhang!

[25] EV. R I, 16.

[26] EV. R I, 16; Auskunft der Urkundenstelle beim Landratsamt Pirna.

[27] PA, vom 20. 8. 1876.

[28] EV. R I, 16.

[29] EV. F I, 46.

[30] PA, vom 17. 3. 1878, S. 5 der Beilage Nr. 65 und PA, vom 21. 3. 1876. Siehe auch: StA.P., B IV, 1028, Bl. 27.

[31] EV. P I, 16.

[32] EV. G I, 18.

[33] EV. G I, 19.

[34] EV. G I, 219.

[35] EV. R I, 201.

[36] Vgl. EV. G I, 18,19, 219, und R I, 201!

[37] EV. C I, 6.

[38] St.A.P., B III-XXVI, 183, 553.

[39] EV. I I, 62.

[40] EV. I I, 62 und B II-XXII, 130, 1886/93.

[41] EV. G I, 236.

[42] B II-XXII, 130, 1889/80.

[43] z. B. PA, vom 5. 7. 1891, S. 9.

[44] B II-XXII, 130, 1891/67.

[45] EV. W I, 281.

[46] B II-XXII, 130, 1899/159 und EV. G I, 236.

[47] EV. R i, 286.

[48] EV. R I, 338.

[49] B II-XXII, 130, 1893/124.

[50] PA, vom 25. 1. 1894, S. 7.

[51] PA, vom 28. 1. 1894, S. 10/11.

[52] Adreßbuch, Pirna 1914, Abt. IV, Einwohnerverzeichnis, S. 25.

[53] EV. H II, 2274.

[54] PA, vom 7. 6. 1900, S. 4.

[55] B II-XXII, 130, 1894/40.

[56] B II-XXII, 131, 1901/25 und EV. P I, 443.

[57] B II-XXII, 131, 1903/26.

[58] B III-XXII, 854/1, 1908/135.

[59] B III-XXII, 854/1, 1911/51.

[60] EV. F II, 2706.

[61] Brief von H.J.Freymann vom 11.12.1993.

[62] B III-XXII, 857, 1929/186 und Adreßbuch, Pirna 1932, S.2 70.

[63] B III-XXII, 857, 1938/83 und PA, vom 26. 5. 1936, S. 4.

[64] B III-XXII, 857, 1939/28.

[65] PA, vom 7. 10. 1886, S. 4.

[66] Vgl. Diamant, Chronik der Juden in Dresden. Darmstadt 1973.

[67] Lexikon zur Parteiengeschichte. Die bürgerlichen Parteien und Verbände in Deutschland (1789-1945). In vier Bänden. Hg. Von Dieter Fricke. Leipzig 1983-1986, Bd.1, S. 78.

[68] Ebenda, S. 79.

[69] Ebenda.

[70] Ebenda, S. 79/80.

[71] Ebenda, S. 80/81; Juden in Leipzig, S. 15.

[72] Lexikon zur Parteiengeschichte, unter Antisemitische Parteien 1879-1894 (Bd.1), Deutsch-soziale Reformpartei 1894-1900, Deutsche Reformpartei 1900-1914, Deutschsoziale Partei 1900-1914, Deutschvölkische Partei 1914/1918 (Bd.2), Deutschvölkische Freiheitspartei 1922-1933 und NSDAP (Bd. 3).

[73] PA, vom 28. 2. 1890, S. 7.

[74] PA, vom 22. 2. 1890, S. 1 und vom 2. 3. 1890 (Stichwahl).

[75] StA.P., B II-XXII, 2 und 3, Reichstagswahlen.

[76] Lexikon zur Parteiengeschichte. Bd. 1, S. 85f; Bd. 2, S. 63.

[77] PA, vom 9. 6. 1893, S. 8.

[78] PA, vom 10. 6. 1893, S. 4.

[79] PA, vom 13. 6. 1893.

[80] Ebenda.

[81] PA, vom 14. 6. 1893.

[82] Vgl. Jensch, Hugo, Überblick über die Anfänge der Arbeiterbewegung in Pirna und seiner Umgebung (1849-1890). Pirna 1988, S. 42.

[83] Ebenda.

[84] Ebenda, S. 44.

[85] B III-XXVI, 03, Bl. 117-121 (Acten, die Sozialdemokratie betreffend 1874-1918).

[86] B III-XXVI, 13, Bl. 128/129 (Sozialdemokratie betreffend 1878-1918).

[87] PA, vom 17. 6. 1893, S. 1.

[88] PA, vom 21. 6. 1893.

[89] PA, vom 25. 6. 1893.

[90] Lexikon zur Parteiengeschichte, Bd. 1, S. 86.

[91] PA, vom 29. 5. 1898, S. 13.

[92] PA, vom 16. 6. 1898, S. 1.

[93] PA, vom 18. 6. 1898, S. 5.

[94] PA, vom 17. 9. 1899, S. 1.

[95] EV. K I, 474.

[96] B III-XXII, 859, 1935/89.

[97] B III-XXII, 551.

[98] EV. L I, 249 und PA, vom 14. 10. 1894, S. 7.

[99] EV. L I, 301 und B II-XXII, 130, 1898/49.

[100] B II-XXII, 859, 1930/79 und B III-XXII, 61, Bl. 158-168.

[101] PA, vom 29./30. 1. 1938, S. 4.

[102] EV. H I, 61.

[103] EV. B I, 408.

[104] B II-XXII, 130, 1896/72.

[105] PA, vom 1. 3. 1906, Anzeige Scharff.

[106] EV. H II, 2746.

[107] EV. N I, 137.

[108] B IV, 1028, Bl. 29 und 30.

[109] EV. H I, 796.

[110] EV H II, 4218.

[111] EV. S I, 1241.

[112] PA, vom 1. 3. 1906 und B II-XXII, 131, 1906/22.

[113] EV. E I, 219.

[114] Auskunft: Urkundenstelle beim Landratsamt Pirna.

[115] B III-XXVI, 183, 1162.

[116] B III-XXII, 854/1, 1908/126.

[117] EV. T I, 208.

[118] Lexikon sozialistischer deutscher Literatur. Halle (Saale) 1963, S. 560ff.

[119] Meyers neues Lexikon. Leipzig 1977, Bd. 15, S. 442.

[120] B II-XXII, 854/1, 1908/101.

[121] EV. R I, 717.

[122] B II-XVI, 190.

[123] Ebenda, Bl. 21.

[124] Die Einwohnerverzeichnisse A-Z, II bergen Vermerke über zahlreiche ledige Personen „mosaischer" Religion, die sich nur kurze Zeit, oft nur wenige Tage, manchmal auch mehrere Monate, in Pirna aufhielten.

[125] fast, denn Juden als Beamte gab es in Sachsen bis 1933 nicht. Vgl. Eschwege!

[126] Vgl. Rieger, Heinz, Pirna im Herbst 1923. Die revolutionäre Situation im Herbst 1923 und der Reichswehreinmarsch in Pirna. Pirna 1957.

[127] Ergebnisse im „Pirnaer Anzeiger" und in den Jahresberichten des Stadtrates Pirna von 1928, 1930, 1932, 1933 unter „Wahlen".

[128] EV. A I, 230.

[129] B II-XXII, 855, 1920/119.

[130] B III-XXVI, 183, 1450.

[131] Gespräch mit A. P.

[132] EV. W I, 918.

[133] B II-XXII, 855, 1920/50.

[134] Heinz Joachim, geb. 1920 in Dresden, Marion, geb. 1923 in Pirna. (Briefe H. J. Freymanns an den Verfasser)

[135] Ebenda und B III-XXII, 61, 245.

[136] B III-XXII, 856, 1925/277.

[137] B III-XXII, 856, 1928/96.

[138] B III-XXII, 856, 1926/137.

[139] B III-XXII, 61, Bl. 70, 86-92 und PA, vom 26. 6. 1926, S. 8.

[140] B III-XXII, 856, 1926/225.

[141] B III-XXVI, 183, 1637.

[142] B III-XXII, 857, 11. 9. 1928.

[143] B III-XXII, 857, 1928/177.

[144] B III-XXII, 857, 1929/182 und PA, vom 19. 9. 1929.

[145] Gespräche mit R. K., K. Chl., A. P.; Erlebnisbericht Max Tabaschnik, Königstein.

[146] B III-XXII, 857, 1930/240.

[147] Konzentrationslager. Ein Appell an das Gewissen der Welt. Ein Buch der Greuel. Die Opfer klagen an. Dachau - Brandenburg - Papenburg - Königstein - Lichtenburg - Colditz - Sachsenburg - Moringen - Hohnstein - Reichenbach - Sonnenburg. Karlsbad 1934.

[148] Die Jugendburg Hohnstein, am 8. 3. 1933 von SA besetzt, diente vom 18. 3. 1933 bis zum 25. 8. 1934 als „Schutzhaftlager" der Pirnaer SA-Standarte 177. Etwa 5600 Gefangene durchliefen in dieser Zeit das Lager, das im Schnitt 700-800 Häftlinge aufwies. Ungefähr 150 fanden hier den Tod.
Vgl.: „Von der Jugendburg zum Schutzhaftlager Hohnstein", Berlin-Potsdam 1949.

[149] B II-XXVI, 183, 1637.

[150] Vgl. Eschwege, Helmut (Hg.), Kennzeichen „J". Bilder, Dokumente, Berichte zur Geschichte der Verbrechen des Hitlerfaschismus an den deutschen Juden 1933-1945. Berlin 1973.

[151] Vgl. Bericht von Ilse Fischer, geb. Engler!

[152] PA, vom 3. 6. 1933, S. 11.

[153] B III-XXII, 859, 1933/102 und 1938/126.

[154] Briefwechsel mir E. Jurmann.

[155] Gespräch mit E. Laurence, geb. Kohn am 15. 6. 1994.

[156] RGBl. I, 1935, S. 1146-1147, S. 1333 und S. 1334-1336.

[157] PA, vom 23. 8. 1935, S. 7.

[158] PA, vom 26. 8. 1935, S. 2.

[159] PA, vom 9. 9. 1935, S. 2.

[160] PA, vom 11. 9. 1935, S. 5.

[161] B III-XVI, 191.

[162] Mitteilung Marion Freymanns.

[163] Gespräch mit M. und H. J. Freymann am 24. 7. 1996.

[164] Im Gesetz zum Schutze des deutschen Blutes und der deutschen Ehre. Vom 15. September 1935, RGBl. I, 1935, S. 1146 heißt es im § 3: „Juden ist das Hissen der Reichs- und Nationalflagge und das Zeigen der Reichsfarben verboten." Bei Verletzung dieser Bestimmung wird Gefängnis bis zu einem Jahr oder eine Geldstrafe angedroht.

[165] B III-XXVI, 183, 634.

[166] B III-XXVI, 183, 677.

[167] PA, vom 10. 12. 1933, S. 13.

[168] Eschwege, Kennzeichen „J", S. 72.

[169] B III-XXII, 857, 1934/125 und B III-XXII, 1935/98.

[170] PA, vom 8. 3. 1935, S. 8 (Todesanzeige).

[171] B III-XXII, 859, 1935/89.

[172] B III-XXII, 859, Februar 1939 und Briefwechsel mit H. J. Freymann.

[173] B III-XXII, 08.

[174] Gespräch mit Frau B.

[175] PA, vom 17. 2., S. 2, vom 26./27. 2., S. 2 und vom 7. 3., S. 9.

[176] RGBl. I, 1938, S. 404 und 414.

[177] PA, 19. 4. 1938, S. 3:

[178] Eschwege, Geschichte..., S. 367.

[179] Siehe Teil 2: Erlebnisbericht von Ilse Fischer!

[180] RGBl 1938, I, S. 1579, „Verordnung über eine Sühneleistung der Juden deutscher Staatsangehörigkeit". Die Finanzämter hatten in vier Raten, die am 15. 12. 1938, am 15. 2., 15. 5. und 15. 8. 1939 fällig waren, je 5% des Vermögens der betroffenen Juden zu vereinnahmen. Zum 15. 11. 1939 wurde nochmals eine 5 %-Rate erhoben. Insgesamt 1 126 612 469 RM wurden so den Juden geraubt. Siehe: Felix, Günther, Scheinlegalität und Rechtsbeugung – Finanzverwaltung, Steuergerichtsbarkeit und Judenverfolgung im „Dritten Reich". In: Steuer und Studium, Heft 5/1995, S. 202. Den Hinweis auf diesen Beitrag danke ich Rolf Richter.

[181] Briefwechsel mit E. Jurmann.

[182] Briefwechsel mit U. Wellemin, geb. Heß.

[183] Vortrag von Prof. Dr. Dr. Brunner im Neuen Pirnaer Geschichtsverein – aus den Tagebüchern seines Vaters, 1994.

[184] Gespräch mit Frau F.

[185] H. J. Freymann, der an diesem Tage in Dresden beruflich unterwegs war, erlebte zufällig, wie sein Vater vor der Haftanstalt in der Dresdner Schießgasse ausgeladen wurde.

[186] Buchenwald. Mahnung und Verpflichtung. Berlin 1960, S.126.

[187] Stein, Harry, Juden in Buchenwald 1937-1942. Gedenkstätte Buchenwald 1992, S. 43/44.

[188] Die Ansprüche aus den Schäden an Geschäften und Einrichtungen beliefen sich auf 225 Mill. RM, die die Reichskasse vereinnahmte. Vgl. Felix, a.a.O., S. 202.

[189] Ebenda, S. 47.

[190] Ebenda, S. 50.

[191] PA, 24. 11. 1938, S. 3

[192] B III-XXVI, 183, 598.

[193] B III-XXVI, 183, 231.

[194] Gleichfalls.

[195] PA, 10. 11. 1938, S. 2.

[196] Vgl. Rudolf Hirsch/Rosemarie Schuder, Der gelbe Fleck. Berlin 1987, das Kapitel: Josel von Rosheim – Luther – Osiander!

[197] PA, vom 6. 1. 1939, S. 5.

[198] Eschwege, Kennzeichen „J", S. 354.

[199] Eschwege, Geschichte der Juden..., S. 563.

[200] B III-XXVI, 183, 1535.

[201] Siehe Teil 2: Erlebnisbericht Ilse Fischer!

[202] Hilberg, Raul, Die Vernichtung der europäischen Juden. Frankfurt/Main 1990, Bd. 2, S. 826f.

[203] Siehe Teil 2: Erlebnisbericht Ilse Fischer!

[204] „Juden mußten für Wohnungsumzüge eine Abgabe in Höhe von 100 % des Wertes des Umzugsgutes entrichten." Felix, a.a.O., S. 204.

[205] Klemperer, Victor, LTI. Notizbuch eines Philologen. Berlin 1949, S. 177.

[206] Die Finanzämter hatten Möbel, Hausrat und alle Barbestände einzuziehen und zu verwerten. „25% des eingezogenen Barvermögens floß als ‚Spende' an die Gestapo zur Deckung der Fahrtkosten"...und als Beitrag für die ‚Betriebskosten zur Vernichtung'. Felix, a.a.O, S. 203.

[207] Tonbandbericht, im Besitz des Verfassers.

[208] Ebenda.

[209] Siehe Erlebnisbericht Esra Jurmann und Briefwechsel mit E. J.!

[210] Schneider, W., Die industrielle Bedeutung Pirnas. In: Deutscher Städtebau. Pirna. Rat der Stadt Pirna (Hg.). Berlin-Halensee 1924, S. 52ff.

[211] B III-XXVI, 183, 1098 und B III-XXII, 698.

[212] Unbezeichnete Akte „Grundstücke Heß".

[213] B IV, 1387, Bl. 64.

[214] Briefwechsel mit U. Wellemin.

[215] Briefwechsel mit E. Jurmann.

[216] Briefwechsel mit H. J. Freymann.

[217] Klemperer, Victor, Ich will Zeugnis ablegen bis zum letzten. Tagebücher 1933-1945. Berlin 1995, Bd.2, S. 377/378 und 383.

[218] Klemperer, LTI, S. 257. Bruno Freymann war damals schon 60 Jahre alt.

[219] B IV, 1028, Bl. 32-35.

[220] Zur Reichsfluchtsteuer: RGBl. I, 1931, S. 731 - Kap. III: „Reichsfluchtsteuer und sonstige Maßnahmen gegen die Kapitalflucht." Danach wurde mit dieser Steuer belegt, wer als Ausreisender ein steuerpflichtiges Vermögen über 200 000 RM oder ein zu versteuerndes Jahreseinkommen von über 20 000 RM aufwies, Die Höhe der Reichsfluchtsteuer: ein Viertel des steuerpflichtigen Vermögens oder Einkommens. Nach RGBl. I, 1934, S. 392/393, Gesetz über die Änderung der Vorschriften über die Reichsfluchtsteuer, vom 18. 5. 1934, wird die Vermögensgrenze auf 50 000 RM herabgesetzt.

[221] B IV, 1028.

[222] PA, vom 22. 6. 1939, S. 6.

[223] Juden in der Amtshauptmannschaft Pirna, nach der Volkszählung vom Mai 1939. Mitteilung von Dr. Hartstock, Dresden, an den Verfasser.

[224] Stanislaw Klodzinski, Die „Aktion 14f13". Der Transport von 575 Häflingen von Auschwitz in das „Sanatorium Dresden". In: Götz Aly, Aktion T4, Berlin 1989, S. 136-146.

[225] Ernst Klee, Krankenmord und Judenvernichtung. Über Nazi-Euthanasie, Sonnenstein und sein Personal. In: Nationalsozialistische Euthanasie-Verbrechen in Sachsen, Dresden, Pirna 1993, S. 57-76.

[226] Kraus, Ota/Kulka, Erich, Die Todesfabrik. Berlin 1958, S. 232 und Hilberg, a.a.O., Bd. 2, S. 1050.

[227] Hilberg, S. 1052.

[228] StA.P., Bestand PDS, S 017, Opfer des Faschismus. Massengrab auf dem Friedhof Pirna. 12 Blätter, beglaubigte Abschriften.

[229] Ehrenmale, Gedenkstätten, Erinnerungsstätten und Mahnstätten der Arbeiterbewegung und des antifaschistischen Widerstandskampfes im Kreis Pirna. 2. überarb. Auflage, Pirna 1984, S. 6; siehe auch S. 57-58 und 90!
In diesem Friedhofsareal wurden neben den 73 Toten des Transports vom 27. 1. 1945 bis zum April 1945 weitere 7 KZ-Häftlinge bestattet, die aus Transporten oder Nebenlagern der näheren Umgebung stammten.

[230] Rachela Grünbaum, geb. Am 22. 2. 1922 in Czeyne (Polen). Vgl. B IV, 1586, Bl. 19.

[231] StA.P., Bestand PDS, S 017, Bl. 6-7. Vgl. Auch B IV, 1586, Bl. 16-32.

[232] StA.P., Bestand PDS, S 016, KZ-Lager Zatzschke.

[233] Auskunft der Urkundenstelle beim Landratsamt Pirna.

[234] B III-XXVI, 183, 553.

[235] Briefwechsel mit H. J. Freymann.

[236] B IV, 1586 - Opfer des Faschismus, Bl. 44.

[237] StA.P., Rat der Stadt, Personalakte Alfred Cohn.

[238] Auskunft: Einwohnermeldeamt Pirna.

[239] Auskunft: Einwohnermeldeamt Taucha.

[240] Auskunft: Einwohnermeldeamt Pirna.

[241] Gespräche mit A.P., R.K. und Fam. Tabaschnik.

[242] Vgl. Anmerkung 147!

[243] Richtig: Max Mellentin, Polizei-Hauptwachtmeister.

[244] Richtig: Kurt Türpe, Polizei-Hauptwachtmeister.

[245] Gemeint ist wohl der NS-Kreisleiter Sterzing.

[246] Alef-Bes: Das hebräische Alphabet.

[247] Anatevka-Atmosphäre: die Lebensweise im jüdischen „Schtedtl" Osteuropas, wie sie Scholem Alejchem in „Die Geschichten Tewjes, des Milchhändlers" beschrieb; dort auch der Ortsname Anatewka.

[248] Trefenes oder trejfes Fleisch: Fleisch, das nicht unter Beachtung aller rituellen Vorschriften behandelt wurde, darf nicht gegessen werden (Gegensatz zu koscher).

[249] Hachsharah: „Ertüchtigung", modern-hebräische Bezeichnung für eine landwirtschaftliche bzw. handwerkliche Ausbildung künftiger Palästina-Pioniere.

[250] Rosh-Hashana: Neujahr, im Herbst.

[251] Chassidisch: von Chassidismus, einer religiösen Bewegung in Osteuropa seit dem 18. Jh.

[252] Chuppa oder Chuppe: Traubaldachin; Chuppe stellen = Hochzeit machen.

[253] Hi-Wi: „Hilfswillige" nannten die Nazis die zu Diensten für die Deutschen in Polizei und anderen Organisationen im Hinterland bereiten Angehörigen aus besetzten Ländern.

[254] Bar-Mizwah: der Dreizehnjährige, der zur vollen Beobachtung des Religionsgesetzes verpflichtet ist.

[255] Tefillin (Gebetsriemen): Torah-Denkzeichen; während des Gebets an Kopf und linkem Arm zu befestigen.

[256] Zeitschrift des Sächsischen Statistischen Büros, siehe Ergebnisse der Volkszählungen!

[257] Z.d.S.St.LA., 80./81. Jg. 1934/35, S. 18-19.

[258] Übermittelt durch Dr. Hartstock, Dresden.

[259] PA, 14. 5. 1936, S. 2.

Quellen und Literatur

Aktenübersicht zu Juden in Pirna

Stadtarchiv Pirna,
B III-XXVI, 183, (Polizeiakten): NR. 231, 551, 553, 581, 598, 634, 677, 1098, 1162, 1450, 1535, 1637, 2585, 2587, 3701.
B II-XII, 132, Namensverzeichnis f.d. Gewerbeanmelderegister 1885-1927
B II-XXII, 130, Gewerbe-Anmeldungen 1885-1899
B II-XXII, 131, Gewerbe-Anmeldungen 1900-1908
B III-XVI, 190, Jüdischer Religionsunterricht 1907-22
B III-XVI, 191, Judenschulen 1933-44
B III-XXII, 11, Gewerbeabmeldungen 1938
B III-XXII, 60, Unlauterer Wettbewerb, insbes. Ausverkaufswesen
B III-XXII, 61, Ausverkaufswesen, Anzeigen und Verzeichnisse
B III-XXII, 854/1, Gewerbe-Anmeldungen 1908-1913
B III-XXII, 855, Gewerbe-Anmeldungen 1909-1921
B III-XXII, 856, Gewerbe-Anmeldungen 1922-27
B III-XXII, 857, Gewerbeanmeldungen 1928-39
B III-XXII, 859, Gewerbeabmeldungen 1928-46
B III-XXII, 52/53, Handelsgenehmigungen 1933-39
B III-XXII, 05, Gewerbeanmeldungen 1904-27
B III-XXII, 862/863, Namensverz. zum Gewerbeanmeldereg. ab 1928
B III-XXII, 867, Namensverzeichnis f. d. Gewerbeanmelderegister
B III-XXII, 698, Gewerbebetrieb von Gustav Heß, Chemische Fabrik
B III-II, 586, Politische und Naturereignisse, Miß- und Notstände, Unglücksfälle 1932-40
B III-XXII, 38, Trödlergewerbe 1920
B III-XXII, 48/49 Überschüsse aus den Versteigerungen der Pfandleihgeschäfte
B III-XXII, 315 Genehmigung zur Besorgung fremder Rechtsangelegenh.
B III-XXII, 333/334 Trödlergewerbe
B III-XXII, 451/452, Ausübg.d.Heilkunde durch Nichtapprobierte
B III-XXII, 551, Adolf Kaminsky
B III-XXVI, 182, Ausnahmezustand 1932-1934
B IV, 1387 - Verordnungen der Landesverwaltung vom 1. 1. 46 - 15. 4. 46
B IV, 1028 - Namensänderung, Namensfeststellung 1935-1948
B IV, 1586 - Opfer des Faschismus.
Adreßbücher von 1887 bis 1939
Einwohnerregister bis 1922
Rats Protocol der Stadt Pirna. De Anno 1706 biß Decembr. 1730, S. 78.
Rats Protocoll 1744 - 1752, S. 387, 967.
Bestand PDS, S 016, KZ-Lager Zatzschke. S 017, KZ-Massengrab Friedhof.

Ephoralarchiv Pirna, 40. Pirna, St. Marien, Akte 4396, Miscellanea Bd.1, 1660-1742, Bl. 34a-41b.

Reichsgesetze:

Vierte Verordnung des Reichspräsidenten zur Sicherung von Wirtschaft und Finanzen und zum Schutze des inneren Friedens. Vom 8. Dezember 1931. Siehe Kapitel III: Reichsflucht-steuer und sonstige Maßnahmen gegen die Kapital- und Steuerflucht. RGBl. I, 1931, S.731 ff, und RGbL. I, 1934, S. 392f.

Gesetz zum Schutze des deutschen Blutes und der deutschen Ehre. Vom 15.September 1935. RGBl. I, S.1146f und S. 1334-1336 (Erste Verordnung zur Ausführung des Gesetzes...).

Erste Verordnung zum Reichsbürgergesetz. RGBl. I, 1935, S.1333.

Verordnung gegen die Unterstützung der Tarnung jüdischer Gewerbebetriebe. RGBl. I, 1938, S.404.

Verordnung über Anmeldung des Vermögens von Juden. Vom 26. 4. 1938. RGBl. I, 1938, S.414.

Dritte Verordnung zum Reichsbürgergesetz. RGBl. I, 1938, S. 627.

Dritte Bekanntmachung über den Kennkartenzwang. Vom 22. Juli 1938. RGBl. I, 1038, S. 922.

Verordnung über eine Sühneleistung der Juden deutscher Staatsangehörigkeit. Vom 12. November 1938. RGBl. I, S. 1579.

Verordnung zur Ausschaltung der Juden aus dem Wirtschaftsleben. Vom 12. November 1938. RGBl. I, 1938, S. 1580.

Verordnung zur Wiederherstellung des Straßenbildes bei jüdischen Gewerbebetrieben. RGBl. I, 1938, S. 1581.

Literatur:

Aly, Götz/Heim, Susanne, Vordenker der Vernichtung. Frankfurt am Main 1993.

Buchenwald. Mahnung und Verpflichtung. Berlin 1960.

Das war Buchenwald. Ein Tatsachenbericht. Leipzig 1946.

Diamant, Adolf, Chronik der Juden in Dresden. Darmstadt 1973.

Engelmann, Bernt, Deutschland ohne Juden. Eine Bilanz. Berlin 1988.

Eschwege, (H) Kennzeichen J. Bilder, Dokumente, Berichte zur Geschichte der Verbrechen des Hitlerfaschismus an den deutschen Juden 1933 - 1945. Berlin 1977.

Eschwege, Geschichte der Juden im Territorium der ehemaligen DDR, Teil 2. Manuskript „Hatikva".

Faschismus-Getto-Massenmord, Dokumentation über Ausrottung und Widerstand der Juden in Polen während des zweiten Weltkrieges, herausgegeben vom Jüdischen Historischen Institut Warschau. Berlin 1960.

Felix, Günther, Scheinlegalität und Rechtsbeugung – Finanzverwaltung, Steuergerichtsbarkeit und Judenverfolgung im „Dritten Reich". In: Steuer und Studium, Heft 5/1995, S. 202.

Fricke, D. (Hrsg.), Lexikon zur Parteiengeschichte. Die bürgerlichen und kleinbürgerlichen Parteien und Verbände in Deutschland (1789-1945), Leipzig. 1983-1986, 4 Bde.

Geschichte der Verbrechen des Hitlerfaschismus an den deutschen Juden 1933-1945. Berlin 1966.

Gesetz- und Verordnungsblatt für das Königreich Sachsen, 15. Stück vom Jahre 1838, Nr. 64 Gesetz wegen einiger Modificationen in den bürgerlichen Verhältnissen der Juden, vom 16. August 1838.

Goldhagen, Daniel Jonah, Hitlers willige Vollstrecker. Ganz gewöhnliche Deutsche und der Holocaust. Berlin 1996.

Groehler, Olaf/Keßler, Mario, Die SED-Politik, der Antifaschismus und die Juden in der SBZ und der frühen DDR. Berlin 1995.

Heymann, St., Marxismus und Rassenfrage. Berlin 1948.

Hilberg, Raul, Die Vernichtung der europäischen Juden. Frankf./M.1990.

Hirsch, R./Schuder, R., Der gelbe Fleck. Berlin 1988.

Hofmann, Dr. Reinhold, Handel und Gewerbe der Stadt Pirna in alter Zeit. Manuskript-Abschrift im Stadtarchiv Pirna, E II, 59a. Vgl. auch „Pirnaer Anzeiger" vom 13.1.1906.

Juden in Leipzig. Eine Dokumentation zur Ausstellung anläßlich des 50. Jahrestages der faschistischen Pogromnacht, Herausgeber: Rat des Bezirks Leipzig, Abteilung Kultur. Leipzig 1988.

Juden in Sachsen, ihr Leben und Leiden. Herausgeber: Gesellschaft für christlich-jüdische Zusammenarbeit Dresden e.V.. Leipzig 1994.

Kahn, S., Antisemitismus und Rassenhetze. Berlin 1948.

Klee, Ernst, Krankenmord und Judenvernichtung. Über Nazi-Euthanasie, Sonnenstein und sein Personal. In: Nationalsozialistische Euthanasie-Verbrechen in Sachsen, Dresden, Pirna 1993

Klemperer, Victor, LTI, Notizbuch eines Philologen. Berlin 1949.

Klemperer, Victor, Ich will Zeugnis ablegen bis zum letzten. Tagebücher 1933-1945. Berlin 1995.

Klodzinski Stanislaw, Die „Aktion 14f13". Der Transport von 575 Häflingen aus Auschwitz in das „Sanatorium Dresden". In: Götz Aly, Aktion T4, Berlin 1989, S. 136-146.

Költzsch, Fritz, Kursachsen und die Juden in der Zeit Brühls. Engelsdorf b. Leipzig, 1928.

Konzentrationslager. Ein Appell an das Gewissen der Welt. Ein Buch der Greuel. Die Opfer klagen an. Dachau – Brandenburg – Papenburg – Königstein – Lichtenburg – Colditz – Sachsenburg – Moringen – Hohnstein – Reichenbach – Sonnenburg. Karlsbad 1934.

Kraus, Ota/Kulka, Erich, Die Todesfabrik. Berlin 1958.

Meiche, Alfred, Historisch-Topogragraphische Beschreibung der Amtshauptmannschaft Pirna. Dresden 1927.

Pätzold, Kurt/Runge, Irene, Pogromnacht 1938. Berlin 1988.

Pätzold, K., Faschismus, Rassenwahn, Judenverfolgung. Eine Studie zur politischen Strategie und Taktik des faschistischen deutschen Imperialismus (1933-1935). Berlin 1975.

Pätzold, K., (Hrsg.), Verfolgung, Vertreibung, Vernichtung. Dokumente des faschistischen Antisemitismus 1933 bis 1942. Leipzig 1983.

Pehle, Walter H. (H.), Der Judenpogrom 1938. Frankf./M. 1990.

Richter, Dr. Otto, Verfassungsgeschichte der Stadt Dresden. Dresden 1885.

Stein, Harry, Juden in Buchenwald. Gedenkstätte Buchenwald 1992.

Zweig, Arnold, Bilanz der deutschen Judenheit. Leipzig 1991.

Weitere Quellen:

Briefe von Esra Jurmann, London, Heinz Joachim Freymann, Hannover, Ilse Fischer, geb. Engler, Hannover, Ursula Wellemin, geb. Heß, Pinner, England, Eva Laurence, geb. Kohn, Sydney, Australien.

Ferner: Auskünfte in Aussprachen nach Vorträgen und in Gesprächen (Aufzeichnungen und Gesprächsprotokolle beim Verfasser).

Bildnachweis:

Freymann, Heinz Joachim: Seite 31, 66, 67 (2).

Jurmann, Esra: Seite 32 (2), 48, 50, 54 (2), 65 (2), 112 (2), 113, 114, 115 (2).

Laurence, Eva, geb. Kohn: Seite 33, 41.

Misterek, René, Pirna – so wie es war: S. 32.

Stadtarchiv Pirna: Seite 27, 35, 36, 38, 39, 40, 52, 57, 58, 59, 60, 63 (2), 64.

Tabaschnik, Ursula: Seite 34, 74.

Wellemin, Ursula, geb. Heß: Seite 25, 50 (2), 62 (2), 65.

Verfasser: S. 56, 67, 95, 96.

Ergänzungen

① Am 2. Oktober 1935 scheidet Frau Margaretha Heymann freiwillig aus dem Leben. Sie ist zu dieser Zeit 35 Jahre alt, „großväterlicherseits nichtarischer Abstammung" und mit dem in der damaligen Reichsstraße 17 (heute Maxim-Gorki-Straße) wohnhaften Zahnarzt Dr. Hugo Heymann verheiratet.

„Durch diese Abstammung glaubte Dr. Heymann, dass der Geschäftsgang seiner Praxis zurückgehen würde. Ais diesem Grund hatte Dr. Heymann seiner Ehefrau vorgeschlagen, er werde sich von ihr scheiden lassen und dafür sorgen, dass sie in Palästina ein sorgenfreies Leben führen könne."[1]

Der von Frau Heymann hinterlassene Abschiedsbrief ist bereits vom 27.8.1935 datiert und an ihren Ehemann gerichtet. Sie schreibt: „Nach all dem Schrecklichen, was in den letzten Wochen über uns hereingebrochen ist, kann ich nicht weiterleben. Ich möchte verbrannt werden und keine Feier haben, nur Du und Pastor Plotz sollen mir das Geleit geben."[2]

Da gingen noch fünf qualvolle Wochen ins Land, ehe sie ihren Entschluß ausführte.

② Am 16.2.1945 erreichte eine Kolonne jüdischer KZ-Häftlingsfrauen aus dem Nebenlager Neusalz in Niederschlesien (KZ-Hauptlager Groß-Rosen) nach bereits zweiwöchigem Marsch unsere Stadt. Sie bekam am Abend Unterkunft in der Scheune des Bauern Zumpe in Zehista.

Hier gebar am Morgen des 17. Februar 1945 die aus Prag stammende Anna Steiner einen Sohn, dem sie mit spontaner Zustimmung ihrer bei der Geburt anwesenden Kameradinnnen den Vornamen des ersten Präsidenten der Tschechoslowakei, Masaryk, Tomas, gab.

Am gleichen Tag brachte ein Kutscher Anna Steiner mit dem Neugeborenen, ihre sich als Schwester ausgebende Kameradin Inka Klinger und die schwer an Tuberkulose erkrankte polnische KZ-Häftlingsfrau Rachela Grünbaum in das Obdachlosenheim der Stadt Pirna, die Fronfeste in der Schmiedestraße 8.

Rachela Grünbaum verstarb wenige Tage später und wurde auf dem Friedhof Pirna bestattet (und zwar im Massengrab der Toten des Auschwitzbahntransports – H.J.).

Fast unglaublich mutet es an, dass die beiden tschechischen Jüdinnen mit dem Kind noch vor Kriegsende mit offiziellem Marschbefehl nach Prag reisen durften. Diesen Befehl stellte der Meister der Schutzpolizei Richter am 24. April 1945 aus. Er schrieb, dass „die Genannten von einem Transport abgekommen (sind) und werden angewiesen nach Prag zu reisen und sich bei der zuständigen Behörde zu melden. Sie sind berechtigt die Eisenbahn zu benutzen und haben Verpflegung bis mit 26.4.45 erhalten."

Alice Klinger, Anna Steiner und der in der Scheune in Zehista geborene Thomas Steiner hielten sich also mehr als zwei Monate vermutlich in der Fronfeste in der Schmiedestraße auf. Sicher war es sowohl dem Verwalter der Fronfeste als auch dem Polizeimeister Richter bekannt, dass es sich hier um Jüdinnen handelte. Gegen Kriegsende obsiegte bei manchem aus menschlichem Gefühl gespeistes Handeln.[3]

---

[1] StAP, B III-XXXIX, 496, Bl. 8: Oberbürgermeister Dr. Brunner am 4.4.1936 an Gestapo Dresden auf eine Anfrage.
[2] Ebenda, Bl. 5.
[3] Vgl.: Hans Brenner, Todesmärsche über sächsische Straßen (Teil 2). Evakuierung niederschlesischer Außenlager des KZ Groß-Rosen. In: Sächsische Heimatblätter 2/2006, S. 112-122; und www.geschichte-pirna/krieg.htm